Louis Antoine de Saint-Just

L'esprit de la révolution et de la constitution de la France

essai

ISBN : 978-1539378310

10 9 8 7 6 5 4 3 2 1

Louis Antoine de Saint-Just

L'esprit de la révolution et de la constitution de la France

essai

Table de Matières

" Si je pouvais faire en sorte que tout le monde eût de nouvelles raisons d'aimer ses devoirs, son prince, sa patrie, ses lois, qu'on pût mieux sentir son bonheur... je me croirais le plus heureux des mortels. "

MONTESQUIEU

AVANT-PROPOS

L'Europe marche à grands pas vers sa révolution, et tous les efforts du despotisme ne l'arrêteront point.

Le destin, qui est l'esprit de la folie et de la sagesse, se fait place au travers des hommes et conduit tout à sa fin. La Révolution de France n'est point le coup d'un moment, elle a ses causes, sa suite et son terme : c'est ce que j'ai essayé de développer.

Je n'ai rien à dire de ce faible essai, je prie qu'on le juge comme si l'on n'était ni français ni européen ; mais qui que vous soyez, puissiez-vous en le lisant aimer le cœur de son auteur ; je ne demande rien davantage, et je n'ai point d'autre orgueil que celui de ma liberté.

Un Anglais m'en donna l'idée ; ce fut M. de Cugnières, de la Société philanthropique de Londres, dans une lettre savante qu'il écrivit à M. Thuillier, secrétaire de la municipalité de Blérancourt, quand elle brûla la déclaration du clergé.

Tant d'hommes ont parlé de cette révolution, et la plupart n'en ont rien dit. Je ne sache point que quelqu'un, jusqu'ici, se soit mis en peine de chercher dans le fond de son cœur ce qu'il avait de vertu pour connaître ce qu'il méritait de liberté. Je ne prétends faire le procès à personne ; tout homme fait bien de penser ce qu'il pense, mais quiconque parle ou écrit doit compte de sa vertu à la cité.

Il y eut sans cesse en France, pendant cette révolution, deux partis obstinés, celui du peuple, qui, voulant combler de puissance ses législateurs, aimait les fers qu'il se donnait lui-même ; celui du prince, qui, se voulant élever au-dessus de tous, s'embarrassait moins de sa propre gloire que de sa fortune. Au milieu de ces intérêts, je me suis cherché moi-même ; membre du souverain,

Louis Antoine de Saint-Just

j'ai voulu savoir si j'étais libre, et si la législation méritait mon obéissance ; dans ce dessein, j'ai cherché le principe et l'harmonie de nos lois, et je ne dirai point, comme Montesquieu, *que j'ai trouvé sans cesse de nouvelles raisons d'obéir,* mais que j'en ai trouvé pour croire que je n'obéirais qu'à ma vertu.

Qui que vous soyez, ô législateurs, si j'eusse découvert qu'on pensait à m'assujettir, j'aurais fui une patrie malheureuse, et je vous eusse accablés de malédictions.

N'attendez de moi ni flatterie, ni satire ; j'ai dit ce que j'ai pensé de bonne foi. Je suis très jeune, j'ai pu pécher contre la politique des tyrans, blâmer des lois fameuses et des coutumes reçues ; mais parce que j'étais jeune, il m'a semblé que j'en étais plus près de la nature.

Comme je n'ai point eu le dessein de faire une histoire, je ne suis point entré dans certains détails sur les peuples voisins. Je n'ai parlé du droit public de l'Europe que quand ce droit public intéressait celui de la France. Je remarquerai ici toutefois que les peuples n'ont envisagé la révolution des Français que dans ses rapports avec leur change et leur commerce, et qu'ils n'ont point calculé les nouvelles forces qu'elle pourrait prendre de sa vertu.

*
* *

AVANT-PROPOS

PREMIÈRE PARTIE

CHAPITRE PREMIER
DES PRESSENTIMENTS
DE LA RÉVOLUTION

Les révolutions sont moins un accident des armes qu'un accident des lois. Depuis plusieurs siècles la monarchie nageait dans le sang et ne se dissolvait pas. Mais il est une époque dans l'ordre politique où tout se décompose par un germe secret de consomption ; tout se déprave et dégénère ; les lois perdent leur substance naturelle et languissent ; alors, si quelque peuple barbare se présente, tout cède à sa fureur, et l'État est régénéré par la conquête. S'il n'est point attaqué par les étrangers, sa corruption le dévore et le reproduit. Si le peuple a abusé de sa liberté, il tombe dans l'esclavage ; si le prince a abusé de sa puissance, le peuple est libre.

L'Europe, qui par la nature de ses rapports politiques n'a point encore de conquérant à redouter, n'éprouvera de longtemps que des révolutions civiles. Depuis quelques siècles la plupart des empires de ce continent ont changé de lois et le reste en changera bientôt. Après Alexandre de Macédoine et le Bas-Empire, comme il n'y avait plus de droits des gens, les nations ne changèrent que de rois.

Le nerf des lois civiles de France a maintenu la tyrannie depuis la découverte du Nouveau Monde ; ces lois ont triomphé des mœurs et du fanatisme ; mais elles avaient besoin d'organes qui les fissent respecter ; ces organes étaient les parlements ; ces parlements, s'étant dressés contre la tyrannie, l'ont entraînée.

Le premier coup porté à la monarchie est sorti de ces tribunaux ; on sait tout.

Il faut ajouter à cela que le génie de quelques philosophes de ce siècle avait remué le caractère public, et formé des gens de bien, ou des insensés également fatals à la tyrannie ; qu'à force de mépriser les grands on commençait à rougir de l'esclavage ; que le peuple ruiné d'impôts s'irritait contre des lois extravagantes, et que ce peuple fut heureusement enhardi par de faibles factions.

Un peuple accablé d'impôts craint peu les révolutions et les barbares.

La France regorgeait de mécontents prêts au signal, mais l'égoïsme des uns, la lâcheté des autres, la fureur du despotisme dans les derniers jours, la foule des pauvres qui mangeaient la cour, le crédit et la crainte des créanciers, le vieil amour des rois, le luxe et la frivolité des petits, et l'échafaud ; toutes ces causes réunies arrêtaient l'insurrection.

La misère et les rigueurs de l'année 1788 émurent la sensibilité. Les calamités et les bienfaits unirent les cœurs ; on osa se dire qu'on était malheureux, on se plaignit.

La sève des vieilles lois se perdait tous les jours. Le malheur de Kornman indigna Paris. Le peuple se passionnait par fantaisie et par conformité pour tout ce qui ressentait l'infortune. On détesta les grands qu'on enviait. Les grands s'indignèrent contre les cris du peuple. Le despotisme devient d'autant plus violent qu'il est moins respecté ou qu'il s'affaiblit. M. de Lamoignon qui redoutait les parlements les supprima, les fit regretter : ils se rétablirent. M. Necker vint après, qui multiplia les administrations pour accréditer les impôts, qui se fit adorer, appela les États, rendit le peuple altier, les grands jaloux, et mit tout en feu : on bloqua Paris ; c'est alors que l'épouvante, le désespoir et l'enthousiasme saisirent les âmes ; le malheur commun ligua la force commune ; on osa jusqu'à la fin, parce qu'on avait osé d'abord ; l'effort ne fut point grand, il fut heureux ; le premier éclat de la révolte renversa le despotisme. Tant il est vrai que les tyrans périssent par la faiblesse des lois qu'ils ont énervées.

CHAPITRE II
DES INTRIGUES DE COUR

La multitude est rarement trompée. Louis, simple au milieu du faste, ami de l'économie plutôt qu'économe, ami de la justice sans qu'il pût être juste, quoi qu'on ait dit, quoi qu'on ait fait, a toujours été cru tel. Le peuple furieux criait dans Paris : Vive Henri IV, vive Louis XVI, périssent Lamoignon et les ministres !

Louis régnait en homme privé ; dur et frugal pour lui seul, brusque et faible avec les autres, parce qu'il pensait le bien, il croyait le faire. Il mettait de l'héroïsme aux petites choses, de la mollesse aux grandes ; chassait M. de Montbarey du ministère pour avoir donné secrètement un somptueux repas, voyait de sang-froid toute sa cour piller la finance, ou plutôt ne voyait rien, car sa sobriété n'avait fait que des hypocrites ; tôt ou tard cependant il savait tout, mais il se piquait davantage de passer pour observateur que d'agir en roi.

Autant le peuple juste appréciateur voyait-il qu'on jouait Louis et qu'on le jouait lui-même, autant le chérissait-il par malignité envers la cour. La cour et le ministère qui tenaient le gouvernement, sapés par leur propre dépravation, par l'abandon du souverain et par le mépris de l'État, furent à la fin ébranlés et la monarchie avec eux.

Marie-Antoinette plutôt trompée que trompeuse, plutôt légère que parjure, appliquée tout entière aux plaisirs, semblait ne régner point en France, mais à Trianon.

Monsieur avait pour toutes vertus un assez bon esprit ; parce qu'il n'était point fin, il ne fut point dupe.

La duchesse Jules de Polignac, seule rusée, trompa la cour, le ministère, le peuple, la reine, et s'enrichit ; elle cachait le crime sous la frivolité, fit des horreurs en riant, déprava les cœurs qu'elle voulait séduire, et noya son secret dans l'infamie.

Je passe sous silence le caractère de tant d'hommes qui n'en avaient point. L'imprudence et les folies du ministre de Calonne ; les sinuosités, l'avarice de M. de Brienne. L'esprit de la cour était un problème : on n'y parlait que de mœurs, de débauches et de probité, de modes, de vertus, de chevaux ; je laisse à d'autres l'histoire des courtisanes et des prélats, bouffons de cour ; la calomnie tuait l'honneur, le poison tuait la vie des gens de bien ; Maurepas et Vergennes moururent ; ce dernier surtout chérit le bien qu'il ne sut pas faire ; c'était un satrape vertueux ; la cour après sa mort n'offrit plus qu'un torrent d'impudicités, de scélératesses, de prodigalités qui acheva la ruine des maximes. La bassesse des courtisans se peut à peine concevoir ; la politesse couvrait les plus lâches forfaits : la confiance et l'amitié naissaient de la honte de se connaître, de l'embarras de se tromper ; la vertu était un ridicule :l'or se vendait à l'opprobre ; l'honneur se pesait ensuite au poids de l'or ; le bouleversement des fortunes était incroyable. La cour et la capitale changeaient tous les jours de visages par la nécessité de fuir les créanciers, ou de cacher sa vie ; l'habit doré changeait de mains ; parmi ceux qui l'avaient porté, l'un était aux galères, l'autre en pays étranger, et l'autre était allé vendre ou pleurer le champ de ses pères. C'est ainsi que la famille des Guémené engloutit la cour, acheta, vendit les faveurs, disposa des emplois, et tomba ensuite par l'orgueil comme elle s'était élevée par la bassesse ; l'avidité du luxe tourmentait le commerce et mettait aux pieds des riches la foule des artisans. C'est ce qui maintint le despotisme, mais le riche ne payait point, et l'État perdait en force ce qu'il gagnait en violence.

La postérité se pourra figurer à peine combien le peuple était avide, avare, frivole ; combien les besoins que sa présomption lui avait forgés le mettaient dans la dépendance des grands ; en sorte que les créances de la multitude étant hypothéquées sur les grâces de la cour, sur les fourberies des débiteurs, la tromperie allait par reproduction jusqu'au souverain, descendait ensuite du souverain jusque dans les provinces, et formait dans l'état civil une chaîne d'indignités.

Tous les besoins étaient extrêmes, impérieux, tous les moyens étaient atroces.

CHAPITRE III
DU PEUPLE ET DES FACTIONS
DE PARIS

Je n'ai rien dit de quelques hommes distingués par leur naissance, parce qu'ils n'avaient d'autres vues que de satisfaire à leurs folles dépenses. La cour était une nation évaporée qui ne songeait pas, comme on l'a prétendu, à établir une aristocratie, mais à subvenir aux frais de ses débauches. La tyrannie existait, ils ne firent qu'en abuser. Ils épouvantèrent imprudemment tout le peuple à la fois par des mouvements de corps d'armée ; la famine s'y joignit ; elle venait de la stérilité de l'année et de l'exportation des blés. M. Necker inventa ce remède pour nourrir le Trésor public, que cet homme de finance regardait comme la patrie. La famine révolta le peuple ; la détresse mit le trouble à la cour. On craignait Paris, qui chaque jour devenait plus factieux par l'audace des écrivains, l'embarras des ressources, et parce que la plupart des fortunes étaient noyées dans la fortune publique.

Ce qu'on appelait la faction d'Orléans provenait de l'envie qu'excitait à la cour l'opulence, l'économie et la popularité de cette maison. On lui soupçonnait un parti, parce qu'elle s'éloignait de Versailles. On fit tout pour la perdre, parce qu'on ne la put point apprivoiser.

La Bastille est abandonnée et prise, et le despotisme, qui n'est que l'illusion des esclaves, périt avec elle.

Le peuple n'avait point de mœurs, mais il était vif. L'amour de la liberté fut une saillie, et la faiblesse enfanta la cruauté. Je ne sache pas qu'on ait vu jamais, sinon chez des esclaves, le peuple porter la tête des plus odieux personnages au bout des lances, boire leur sang, leur arracher le cœur et le manger ; la mort de quelques tyrans à Rome fut une espèce de religion.

On verra un jour, et plus justement peut-être, ce spectacle affreux en Amérique ; je l'ai vu dans Paris, j'ai entendu les cris de joie du peuple effréné qui se jouait avec des lambeaux de chair en criant : Vive *la liberté, vivent le roi et M. d'Orléans.*

Le sang de la Bastille cria dans toute la France ; l'inquiétude auparavant irrésolue se déchargea sur les détentions et le ministère. Ce fut l'instant public comme celui où Tarquin fut chassé de Rome. On ne songea point au plus solide des avantages, à la fuite des troupes qui bloquaient Paris ; on se réjouit de la conquête d'une prison d'État. Ce qui portait l'empreinte de l'esclavage dont on était accablé frappait plus l'imagination que ce qui menaçait la liberté qu'on n'avait pas ; ce fut le triomphe de la servitude. On mettait en pièces les portes des cachots, on pressait les captifs dans leurs chaînes, on les baignait de pleurs, on fit de superbes obsèques aux ossements qu'on découvrit en fouillant la forteresse ; on promena des trophées de chaînes, de verrous et d'autres harnois d'esclaves. Les uns n'avaient point vu la lumière depuis quarante années, leur délire était intéressant, tirait des larmes, perçait de compassion ; il semblait qu'on eût pris les armes pour les lettres de cachet. On parcourait avec pitié les tristes murailles du fort couvertes d'hiéroglyphes plaintifs. On y lisait celui-ci : *Je ne reverrai donc plus ma pauvre femme, et mes enfants, 1702 !*

L'imagination et la pitié firent des miracles ; on se représentait combien le despotisme avait persécuté nos pères, on plaignait les victimes ; on ne redoutait plus rien des bourreaux.

Louis Antoine de Saint-Just

L'emportement et la sotte joie avaient d'abord rendu le peuple inhumain, son attentat le rendit fier, sa fierté le rendit jaloux de sa gloire ; il eut un moment des mœurs, il désavoua les meurtres dont il avait souillé ses mains, et fut assez heureusement inspiré soit par la crainte, soit par l'insinuation des bons esprits, pour se donner des chefs et pour obéir.

Tout était perdu si les lumières et l'ambition de quelques-uns n'eussent dirigé l'embrasement qui ne se pouvait plus éteindre.

Si M. d'Orléans avait eu sa faction, il se serait mis alors à sa tête, eût effrayé et ménagé la cour, comme le pratiquèrent quelques autres. Il n'en fit rien, si ce n'est comme on l'a dit, qu'il comptait sur le meurtre de la famille royale, comme il faillit à se commettre quand Paris courut à Versailles. Toutefois, pour peu qu'on juge sainement des choses, les révolutions de ce temps n'offrent partout qu'une guerre d'esclaves imprudents qui se battent avec leurs fers et marchent enivrés.

La conduite du peuple devint si fougueuse, son désintéressement si scrupuleux, sa rage si inquiète, qu'on voyait bien qu'il ne prenait conseil que de lui-même. Il ne respecta rien de superbe ; son bras sentait l'égalité qu'il ne connaissait pas. Après la Bastille vaincue, quand on enregistra les vainqueurs, la plupart n'osaient dire leur nom ; à peine furent-ils assurés, qu'ils passèrent de la frayeur à l'audace. Le peuple exerça une espèce de despotisme à son tour ; la famille du roi et l'Assemblée des États marchèrent captives à Paris, parmi la pompe la plus naïve et la plus redoutable qui fut jamais. On vit alors que le peuple n'agissait pour l'élévation de personne, mais pour l'abaissement de tous. Le peuple est un éternel enfant ; il fit avec respect obéir ses maîtres et leur obéit après avec fierté ; il fut plus soumis dans ces moments de gloire qu'il n'avait jamais été rampant autrefois. Il était avide de conseils, affamé de louanges et modeste ; la crainte lui fit oublier qu'il était libre ; on n'osait plus s'arrêter ni se parler dans les rues ; on prenait tout le monde pour des conspirateurs ; c'était la jalousie de la liberté.

Le principe était posé, rien n'arrêta ses progrès ; parce que le despotisme n'était plus, qu'il était dispersé, que ses ministres avaient pris la fuite, et que la frayeur agitait leurs conseils.

Le corps des électeurs de Paris, plein d'hommes désespérés, perdus de misère et de luxe, souleva beaucoup de peuple. Cette faction n'eut point de principes déterminés et ne pensa point à s'en donner ; aussi passa-t-elle avec le délire de la Révolution ; elle eut des vertus, de la fermeté même et de la constance un moment ; on se rappelle avec respect l'héroïsme de Thuriot de La Rosière qui fut sommer le gouverneur de la Bastille ; et le grand de Saint-René qui fit fuir vingt mille hommes de l'Hôtel de Ville, en se faisant apporter de la poudre et du feu ; et Duveyrier, et du Faulx, ce sage vieillard qui écrivit ensuite l'histoire de la Révolution. Ceux-là n'étaient point factieux. Plusieurs autres s'enrichirent, c'est tout ce qu'ils voulaient ; le petit nombre des gens de bien s'éloigna bientôt, et le reste se dissipa, chargé d'épouvante et de butin.

CHAPITRE IV
DU GENEVOIS

Le crédit du Genevois se mourait tous les jours, la fortune avait trompé sa politique et son assurance ; les plus sages desseins des hommes cachent souvent un écueil qui les renverse, et par un contrecoup inattendu change tout, les entraîne et les confond eux-mêmes.

S'il est vrai que la vertu véritable se reconnaît au soin qu'elle prend de se cacher, quoi de plus suspect que l'intempérant amour du Genevois pour le monarque et le peuple. Cet homme avait senti qu'il ne pouvait prendre un parti plus solide : la cour tombait ; ni de parti plus naturel : il était plébéien ; il ramassa toutes ses forces quand il s'agit d'états généraux ; on peut dire qu'il porta le coup mortel à la tyrannie par la représentation égale des trois ordres. Sa joie fut profonde alors de son renvoi, je ne sais à quoi n'atteignit point son espérance ; en effet, comme il se l'était prédit, son retour fut celui d'Alexandre à Babylone ; le poids de sa gloire écrasa ses ennemis et lui-même. Il mit moins de vertu que d'orgueil à sauver la France. Il fut bientôt haï dans le fond des cœurs, comme un fabricateur d'impôts. L'Assemblée nationale, sous couleur d'honorer ses lumières, l'abaissa par ce moyen, et profita elle-même de sa confiance et de sa vanité. Le peuple le perdit de vue ; Paris avait repris courage ; deux hommes prodigieux remplissaient tous les esprits ; l'Assemblée nationale marchait à grands pas ; le Genevois, circonscrit dans le ministère, en fut craint, et devint enfin indifférent à tout le monde ; il avait manqué son coup ; il ne fut plus qu'un être de raison, s'enveloppa de sa gloire et se rendit l'ennemi de la liberté parce qu'elle ne lui fut bonne à rien ; il avait flatté le peuple sous le despotisme ; quand le peuple fut libre, il flatta la cour ; sa politique avait été prudente, elle lui laissa l'oreille du monarque qu'il avait su ménager.

Cet homme à tête d'or, à pieds d'argile, eut un admirable talent pour dissimuler. Il posséda au suprême degré l'art de la flatterie, parce qu'il insinuait avec grâce et tendresse la vérité, utile à ses projets, parce qu'il feignait pour son maître l'attachement d'un grand cœur.

Il porta l'ambition jusqu'au désintéressement comme le laboureur s'épuise pour le champ qu'il veut un jour moissonner ; l'insurrection l'a renversé, parce qu'elle éleva tous les cœurs au-dessus de lui, et au-dessus d'eux-mêmes. Je crois que s'il ne fut point revenu, il eût asservi la Suisse sa patrie.

CHAPITRE V
DE DEUX HOMMES CÉLÈBRES

Quiconque après une sédition aborde le peuple avec franchise, et lui promet l'impunité, l'épouvante et le rassure, plaint ses malheurs et le flatte, celui-là est roi.

Le chef-d'œuvre de cette vérité, c'est que deux hommes aient pu régner ensemble. La frayeur de tous les éleva, leur faiblesse commune les unit.

Le premier, qui avait été vertueux au commencement, s'étourdit ensuite de sa fortune, et forma de hardis desseins. Chacun s'emparait d'un débris : tout-puissant à l'Hôtel de Ville, il jouissait à l'Assemblée nationale d'un crédit tranquille et tyrannisait avec douceur ; en le voyant chatouiller le peuple, manier tout avec mollesse, cacher son génie, et tromper l'opinion au point de passer pour un homme faible et peu à craindre, on ne reconnaissait plus la hauteur qu'il avait montrée à Versailles.

Le second fut plus altier ; ce caractère convenait mieux à son emploi ; il fut pourtant gracieux, faux avec empressement, courtisan naïf, vain avec simplicité, et put tout en ne voulant rien.

La coalition de ces deux personnages fut remarquable quelques instants : l'un avait le gouvernement, l'autre la force publique. Tous deux fomentaient les lois qui servaient leur ambition, ils donnaient tous les mouvements dans Paris, jouaient en public le rôle dont ils convenaient en particulier, et traitaient la cour avec un respect plein de violence. Joignez à ceci un concert parfait, la popularité, la bonne conduite, le désintéressement, un amour apparent pour le prince et les lois, la douce élocution, tout cela soutenu de la générosité mettait à leurs pieds le sceptre qu'on eût brisé dans leurs mains. Ils devinrent les idoles du peuple à qui les trésors de l'État étaient prodigués sous d'honnêtes prétextes. Ils occupaient les bras des malheureux et saisissaient avec dextérité les passions publiques ; la réputation de ces deux hommes ressemblait à une fièvre populaire ; ils étaient adorés et tenaient captive la liberté dont ils se montraient partout les défenseurs et les amis. Après la prise de la Bastille, ils sollicitèrent adroitement des récompenses pour ses vainqueurs, et mirent partout en opposition leur zèle présomptueux avec la tiédeur prudente des communes. Toujours ils précipitaient le peuple, toujours l'Assemblée le modéraient sagement ; c'est que les premiers voulaient régner par le peuple et que les seconds voulaient que le peuple régnât par eux.

L'Assemblée, qui pénétrait les hommes, s'apercevant qu'on lui voulait faire trop sentir le prix de l'insurrection de la capitale, temporisa tant qu'elle vit les esprits inquiets, mit bientôt les factions sous le joug, et se servit de leurs propres forces pour les abattre.

Le sang-froid des communes fut pour ces deux hommes ce que le génie et la défiance de Tibère furent autrefois pour Séjan.

Je laisse à penser quelle était la période de leur ambition, si la patience ne l'eut consumée.

Les districts de Paris formaient une démocratie qui eût tout bouleversé, si au lieu d'être la proie des factieux ils se fussent conduits avec leur propre esprit. Celui des Cordeliers, qui s'était rendu le plus indépendant, fut aussi le plus persécuté par ces héros du jour, parce qu'il contrariait leurs projets.

Louis Antoine de Saint-Just

CHAPITRE VI
DE L'ASSEMBLÉE NATIONALE

C'est un phénomène inouï dans le cours des événements, qu'à l'époque où tout était confus, les lois civiles sans force, le monarque abandonné, le ministère évaporé, il se soit trouvé un corps politique, faible rejeton de la monarchie confondue, qui prit en main les rênes, trembla d'abord, s'affermit, affermit tout, engloutit les partis, et fit tout trembler ; qui fut suivi dans sa politique, constant au milieu des changements ; agit avec adresse en commençant avec fermeté ensuite, enfin avec vigueur, et toujours avec prudence.

Il faut voir avec quelle pénétrante sagesse l'Assemblée nationale s'est élevée, par quel art elle a dompté l'esprit public, comment, environnée de pièges, déchirée jusque dans son sein, elle a prospéré de plus en plus ; comment elle a ingénieusement enchaîné le peuple de sa liberté, l'a étroitement lié à la constitution en érigeant ses droits en maximes, et en séduisant ses passions ; comment elle a tiré des lumières et des vanités de ce temps le même parti que tira Lycurgue des mœurs du sien ; il faut voir avec quelle prévoyance elle a jeté ses principes, en sorte que le gouvernement a changé de substance et que rien n'en saurait plus arrêter la sève.

C'est vainement aussi que quelques-uns luttent contre cette prodigieuse législation qui ne pèche que dans quelques détails ; quand l'État a changé de principes, c'est sans retour ; tout ce qu'on leur oppose n'est plus de principe et le principe établi entraîne tout.

La postérité saura mieux que nous quels mobiles animaient ce grand corps. Il faut convenir que la passion soutenue de grands caractères et d'intelligences fortes donna le premier branle à ses ressorts, que le noble ressentiment de quelques proscrits perça à travers l'ingénuité des droits de l'homme ; mais il faut avouer aussi, pour peu que la reconnaissance attache de prix à la vérité, que cette compagnie, la plus habile qu'on ait vue depuis longtemps, fut pleine d'âmes rigides que dominait le goût du bien, et d'esprits exquis qu'éclairait le goût de la vérité. Le secret de sa marche toute découverte fut impénétrable en effet, c'est pourquoi le peuple inconsidéré ploya sous une raison supérieure qui le conduisait malgré lui ; tout était fougue et faiblesse dans ses desseins, tout était force et harmonie dans les lois.

Nous allons voir quelle fut la suite de ces heureux commencements.

*
* *

Louis Antoine de Saint-Just

SECONDE PARTIE

CHAPITRE PREMIER
DE LA NATURE
DE LA CONSTITUTION FRANÇAISE

Un État qui fut libre d'abord, comme la Grèce avant Philippe de Macédoine, qui perd ensuite sa liberté, comme la Grèce la perdit sous ce prince, fera de vains efforts pour la reconquérir ; le principe n'est plus ; la lui rendît-on même comme la politique romaine la rendit aux Grecs, l'offrit à Cappadoce pour affaiblir Mithridate, et comme la politique de Sylla la voulut rendre à Rome elle-même, c'est inutilement ; les âmes ont perdu leur moelle, je puis ainsi parler, et ne sont plus assez vigoureuses pour se nourrir de liberté ; elles en aiment encore le nom, la souhaitent comme l'aisance et l'impunité, et n'en connaissent plus la vertu.

Au contraire, un peuple esclave qui sort soudain de la tyrannie n'y rentre point de longtemps ; parce que la liberté a trouvé des âmes neuves, incultes, violentes, qu'elle les élève par des maximes qu'elles n'ont jamais senties, qui les transportent, et qui, quand on en a perdu l'aiguillon, laissent le cœur lâche, orgueilleux, indifférent, au lieu que l'esclavage le rendait seulement timide.

Le calme est l'âme de la tyrannie, la passion est l'âme de la liberté ; le premier est un feu qui couve, le second un feu qui se consume, l'un s'échappe au moindre mouvement, l'autre ne s'affaiblit qu'à la longue et s'éteint pour toujours ; on n'est vertueux qu'une fois.

Quand un peuple devenu libre a établi de sages lois, sa révolution est faite ; si ces lois sont propres au territoire, la révolution est durable.

La France a coalisé la démocratie, l'aristocratie, la monarchie ; la première forme l'état civil, la seconde la puissance législative, et la troisième la puissance exécutrice.

Là où il y aurait une parfaite démocratie, ce qui est la liberté outrée, point de monarchie ; là où il n'y aurait eu qu'une aristocratie, point de lois constantes ; là où le prince eût été ce qu'il était autrefois, point de liberté.

Il fallait que les pouvoirs fussent tellement modifiés que ni le peuple, ni le corps législatif, ni le monarque ne prissent un ascendant tyrannique. Il fallait un prince dans ce vaste empire ; la république ne convient qu'à un territoire étroit. Quand Rome s'agrandit, elle eut besoin de magistrats dont l'autorité fut immense.

La France s'est rapprochée de l'État populaire autant qu'elle l'a pu, et n'a pris de la monarchie que ce qu'elle ne pouvait point n'en pas prendre ; toutefois la puissance exécutrice est restée suprême, afin de ne pas brusquer l'amour des rois.

Quand Codros mourut, les bons esprits qui voulaient fonder la liberté déclarèrent Jupiter roi d'Athènes.

CHAPITRE II
DES PRINCIPES
DE LA CONSTITUTION FRANÇAISE

Les anciens législateurs avaient tout fait pour la république, la France a tout fait pour l'homme.

La politique ancienne voulait que la fortune de l'État retournât aux particuliers, la politique moderne veut que le bonheur des particuliers retourne à l'État. La première rapportait tout à la conquête, parce que l'État était petit, entouré de puissances, et que de son destin dépendait le destin des individus ; la seconde ne tend qu'à la conservation, parce que l'État est vaste, et que du destin des individus dépend le destin de l'empire.

Plus les républiques ont un territoire étroit, plus les lois doivent être sévères, parce que les périls sont plus fréquents, les mœurs plus ardentes, et qu'un seul peut entraîner tout le monde. Plus la république est étendue, plus les lois doivent être douces, parce que les périls sont rares, les mœurs calmes, et que tout le monde se porterait vers un seul.

Les rois ne purent tenir contre la sévérité des lois de Rome naissante ; cette sévérité, quoique excessivement émoussée, rétablit les rois dans Rome agrandie.

Les droits de l'homme auraient perdu Athènes ou Lacédémone ; là, on ne connaissait que sa chère patrie, on s'oubliait soi-même pour elle. Les droits de l'homme affermissent la France ; ici la patrie s'oublie pour ses enfants.

Les vieux républicains se dévouaient aux fatigues, au carnage, à l'exil, à la mort, pour l'honneur de la patrie ; ici la patrie renonce à la gloire pour le repos de ses enfants, et ne leur demande que la conservation.

CHAPITRE III
DU RAPPORT DE LA NATURE ET DES PRINCIPES DE LA CONSTITUTION

Si la démocratie de France ressemblait à celle que les Anglais tâchèrent d'établir vainement, parce que le peuple n'était que présomptueux ; si son aristocratie était celle de la Pologne, dont la violence est le principe ; si sa monarchie tenait de la plupart de celles de l'Europe, où la volonté du maître est l'unique loi, le choc de ces pouvoirs les aurait bientôt détruits ; c'est ce qu'ont pensé ceux qui prétendent qu'ils se déchireront un jour. Mais je prie qu'on examine combien est saine la complexion de la France ; la présomption n'est point l'âme de la démocratie, mais la liberté modérée ; la violence n'est point le ressort de son aristocratie, mais l'égalité des droits ; la volonté n'est point le mobile de sa monarchie, mais la justice.

De la nature de la liberté
La nature de la liberté est qu'elle résiste à la conquête et à l'oppression ; conséquemment elle doit être passive. La France l'a bien senti ; la liberté qui conquiert doit se corrompre ; j'ai tout dit.

De la nature de l'égalité
Celle qu'institua Lycurgue, qui partagea les terres, maria les filles sans dot, ordonna que tout le monde prendrait ses repas en public et se couvrirait du même vêtement, une telle égalité relative à l'utile pauvreté de la république n'eût amené en France que la révolte ou la paresse ; l'égalité des droits politiques seule était sage dans cet État où le commerce est une partie du droit des gens, comme je le dirai ailleurs. L'égalité naturelle est bonne là où le peuple est despote et ne paye pas de tributs. Qu'on suive les conséquences d'une pareille condition par rapport à une constitution mixte.

De la nature de la justice
La justice est rendue en France au nom du monarque, protecteur

des lois, non par la volonté mais par la bouche du magistrat, ou de l'ambassadeur, et celui qui a prévariqué n'a point offensé le monarque, mais la patrie.

Du principe de la liberté

La servitude consiste à dépendre de lois injustes ; la liberté, de lois raisonnables ; la licence, de soi-même. Je savais bien que les Belges ne seraient point libres, ils ne se donnèrent point de lois.

Du principe de l'égalité

L'esprit de l'égalité n'est point que l'homme puisse dire à l'homme : je suis aussi puissant que toi. Il n'y a point de puissance légitime ; ni les lois ni Dieu même ne sont des puissances, mais seulement la théorie de ce qui est bien. L'esprit de l'égalité est que chaque individu soit une portion égale de la souveraineté, c'est-à-dire du tout.

Du principe de la justice

Elle est l'esprit de tout ce qui est bon, et le comble de la sagesse, qui, sans elle, n'est qu'artifice et ne peut longtemps prospérer. Le fruit le plus doux de la liberté, c'est la justice, elle est la gardienne des lois, les lois sont la patrie. Elle entretient la vertu parmi le peuple et la lui fait aimer ; au contraire, si le gouvernement est inique, le peuple qui n'est juste qu'autant que les lois le sont et il y intéressent devient trompeur et n'a plus de patrie.

Je ne sache point que le but politique d'aucune constitution ancienne ou moderne ait été la justice et l'ordre intérieur ; la première qui l'ait eu en vue est celle de France ; toutes les autres, portées vers la guerre, la domination et l'or, nourrissaient le germe de leur destruction ; la guerre, la domination et l'or les ont corrompues ; le gouvernement est devenu sordide, le peuple, avare et fou.

Conséquences

Un peuple est libre quand il ne peut être opprimé ni conquis, égal quand il est souverain, juste quand il est réglé par des lois.

Louis Antoine de Saint-Just

CHAPITRE IV
DE LA NATURE
DE LA DÉMOCRATIE FRANÇAISE

Les communes de France avaient à prendre leur route entre deux écueils ; ou il fallait que la diversité des ordres mît la puissance législative dans la représentation de ces ordres ; si les deux premiers avaient dominé, le gouvernement eût été despotique ; si le dernier eut pris le dessus, le gouvernement aurait été populaire ; ou il fallait que tous les ordres confondus n'en formassent qu'un seul, ou plutôt n'en fissent point du tout, que le peuple fût son propre intermédiaire, alors il était libre et souverain.

Les ordres étaient plus propres à la tyrannie qu'une représentation nationale ; dans l'une le maître est le principe de l'honneur politique, dans l'autre le peuple est le principe de la vertu ; mais alors le législateur a besoin de tout son génie pour organiser la représentation de sorte qu'elle dérive, non point de la constitution, mais de son principe, sans quoi l'on ferait une aristocratie de tyrans.

Le principe était la liberté, la souveraineté ; c'est pourquoi on n'a point mis de degré immédiat entre les assemblées primaires et la législature, et au lieu de régler la représentation par les corps judiciaires ou administratifs, on l'a réglée par l'étendue de l'État, le nombre des sujets, leur richesse, ou par *le territoire, la population, les tributs.*

Qu'on fasse réflexion sur le principe des anciennes assemblées de bailliage. Quelle peine il faut pour imaginer que l'honneur politique pût produire la vertu ! Les états devaient être la cour du Mogol et la vertu aussi froide que son principe. Aussi lorsqu'on vit les représentants fouler aux pieds l'honneur politique, et les premières séances des états se montrer si orageuses, la vertu était bien près de devenir populaire, et secouait déjà la tyrannie sur ses fondements, jusqu'au moment où, frappée de ses propres mains, elle s'est écroulée.

CHAPITRE V
DES PRINCIPES
DE LA DÉMOCRATIE FRANÇAISE

SECONDE PARTIE

Les démocraties anciennes n'avaient pas de lois positives ; ce fut ce qui les éleva d'abord au comble de la gloire qui s'acquiert par les armes ; mais ce fut ce qui brouilla tout enfin ; quand le peuple était assemblé, le gouvernement n'avait plus de forme absolue, tout se mouvait au gré des harangueurs ; la confusion était la liberté ; tantôt le plus habile, tantôt le plus fort l'emportait. Ce fut ainsi que le peuple de Rome dépouilla le sénat, et que les tyrans dépouillèrent le peuple d'Athènes et de Syracuse.

Le principe de la démocratie française est l'acceptation des lois et le droit de suffrage ; le mode de l'acceptation est le serment ; la perte des droits de citoyen attachée au refus de le prêter n'est point une peine, elle n'est que l'esprit du refus. Ce serment n'est qu'une pure acceptation des lois. On ne peut exiger d'elles le caractère qu'on leur refuse, qu'on leur ôte à elles-mêmes. On a dit que l'acceptation du roi ne valait rien, et qu'un jour le peuple demanderait compte des droits de l'homme et de la liberté. Mais, qu'est-ce donc que le serment que le peuple a prêté ? Sans doute une telle acceptation est plus sainte, plus libre, et plus certaine que l'acclamation des assemblées : l'acceptation dépend du roi, lui seul il est le souverain, nous sommes encore ses esclaves.

Je parlerai ailleurs de la sanction du monarque, et je démontrerai que dans un État libre, il ne peut exercer de volonté absolue, ni par conséquent éprouver de contraire.

Si le peuple refusait le serment, il faudrait supprimer la loi, car de même que le refus de serment de la moindre partie du peuple entraîne la suspension de l'activité, de même le refus de la plus grande partie du peuple entraîne l'abrogation de la loi.

Les suffrages en France sont secrets, leur publicité eût perdu la constitution ; le secret à Rome étouffa la vertu, parce que la liberté déclinait ; il eut en France un bon effet, la liberté ne faisait que de naître. Le peuple était esclave des riches, on avait l'habitude d'être flatteur et vil ; le grand nombre des créanciers intimidait ; les assemblées étaient trop peu nombreuses, les engagements trop connus, trop multipliés. La publicité des suffrages eût fait un peuple d'ennemis ou d'esclaves.

On promit à beaucoup de fripons ; peu eurent les voix ; il y en eut pourtant. La voie du sort eût étouffé l'émulation ; elle convenait peut-être aux offices municipaux, mais elle eût terni l'honneur politique qui les faisait respecter ; elle ne convenait point aux magistratures judiciaires, parce qu'il importe que les juges soient habiles. La voie du sort n'est bonne que dans la république, là où régnerait la liberté individuelle.

Comme le principe des suffrages est la souveraineté, toute loi qui pourrait l'altérer est tyrannie. Le droit que s'arrogent les administrations de transférer les assemblées hors de leur territoire est tyrannie. Le pouvoir que s'attribuent les administrations d'envoyer aux assemblées du peuple des commissaires ou d'y prendre un rang est tyrannie ; ils font taire la liberté qui en est la vie, en y rappelant la décence et le calme qui en sont la mort. Un commissaire est un sujet dans les assemblées du peuple ; s'il y parle, il doit être puni ; le glaive frappait à Athènes les étrangers qui se mêlaient dans les comices ; ils violaient le droit de souveraineté.

Tout ce qui porte atteinte à une constitution libre est un crime affreux, la moindre tache gagne tout le corps. Il n'est rien de plus doux pour l'oreille de la liberté que le tumulte et les cris d'une assemblée du peuple ; là s'éveillent les grandes âmes ; là se démasquent les indignités ; là le mérite éclate dans toute sa force ; là tout ce qui est faux fait place à la vérité.

Le silence des comices est la langueur de l'esprit public ; le peuple est corrompu ou peu jaloux de sa gloire.

Il y avait à Athènes un tribunal qui exerçait la censure sur les élections ; cette censure est en France exercée par les administrations ; mais il ne faut pas confondre la liberté avec la qualité des élus, l'un est du ressort de la liberté, l'autre est du ressort de sa gloire, l'un est la souveraineté, l'autre est la loi.

Elle proscrit l'étranger qui ne peut aimer une patrie où il n'a point d'intérêts, l'infâme qui a déshonoré la cendre de son père en renonçant au droit de lui succéder, le débiteur insolvable qui n'a plus de patrie, l'homme qui n'a point vingt-cinq ans dont l'âme n'est point sevrée ; celui qui ne paye point le tribut relatif à l'activité, parce qu'il vit en citoyen du monde.

La censure des élections est bornée à l'examen de ces qualités ; elle s'exerce sur celui qui est élu, non point sur celui qui élit ; le choix n'est point violé par le censeur, il est examiné par la loi.

SECONDE PARTIE

CHAPITRE VI
DE LA NATURE DE L'ARISTOCRATIE

Quelqu'un a dit que la division des classes troublait le sens de cet article des droits de l'homme : *Il n'y aura d'autre différence entre les hommes que celle des vertus et des talents.* On pouvait dire aussi que les vertus et les talents blessaient l'égalité naturelle, mais de même que le prix qu'on y attache est relatif à la convention sociale, de même la division des classes est relative à la convention politique.

L'égalité naturelle était blessée à Rome, où, selon Denys d'Halicarnasse, le peuple était divisé en cent quatre-vingt-treize centuries inégales, qui n'avaient chacune qu'un suffrage, quoiqu'elles fussent moins nombreuses à proportion des richesses, de l'aisance, de la médiocrité, de l'indigence.

L'égalité naturelle est conservée en France ; tous participent également de la souveraineté par la condition uniforme du tribut qui règle le droit de suffrage ; l'inégalité n'est que dans le gouvernement, tous peuvent élire, tous ne peuvent être élus ; la classe tout à fait indigente est peu nombreuse ; qui ne paye point de tributs n'est point frappé de stérilité ; elle est condamnée à l'indépendance ou à l'émulation, et jouit des droits sociaux de l'égalité naturelle, la sûreté et la justice.

Si la condition du tribut n'eut déterminé l'aptitude aux emplois, la constitution eût été populaire et anarchique ; si la condition eut été forte et unique, l'aristocratie eût dégénéré en tyrannie ; les législateurs ont dû prendre un milieu qui ne décourageât pas la pauvreté, et rendit inutile l'opulence.

Cette inégalité n'offense point les droits naturels, mais seulement les prétentions sociales.

Pour établir dans la république l'égalité naturelle, il faut partager les terres et réprimer l'industrie.

Si l'industrie est libre, elle est la source d'où découlent les droits politiques, et alors l'inégalité de fait produit une ambition qui est la vertu.

On a dit que là où les pouvoirs ne seraient pas séparés, il n'y aurait pas de constitution ; on pouvait ajouter que là où les hommes seraient socialement égaux, il n'y aurait point d'harmonie.

Louis Antoine de Saint-Just

L'égalité naturelle confondrait la société ; il n'y aurait plus ni pouvoir ni obéissance, le peuple fuirait dans les déserts.

L'aristocratie de France, mandataire de la souveraineté nationale, fait les lois auxquelles elle obéit, et que le prince fait exécuter ; elle règle les impôts, détermine la paix et la guerre ; le peuple est monarque soumis et sujet libre.

La puissance législative est permanente, les législateurs changent après deux ans. Autant la présence et la force de la pensée est-elle sans cesse nécessaire à la conduite de l'homme, autant la sagesse et la vigueur de la puissance législative est-elle perpétuellement utile à l'activité d'un bon gouvernement, et doit-elle veiller sur l'esprit des lois dépositaires des intérêts de tous.

Lorsqu'il s'agit de régler la durée de la représentation, on s'aperçut que c'étaient la plupart des gens suspects qui opinaient pour le plus long terme. On pourrait alléguer contre eux plusieurs raisons ; la plus solide est que l'habitude de régner nous rend ennemis du devoir. Dans une aristocratie tout à fait populaire, les législateurs sont très sagement choisis et suppléés par le peuple ; leur caractère doit être inviolable, ou l'aristocratie serait perdue, ils ne doivent pas répondre de leur conduite, ils ne gouvernent pas ; la loi doit être passive entre le refus suspensif du prince et la prudence de la législation qui suivra.

CHAPITRE VII
DU PRINCIPE
DE L'ARISTOCRATIE FRANÇAISE

Les anciennes aristocraties, dont le principe était la guerre, devaient former un corps politique impénétrable, constant dans ses entreprises, vigoureux dans ses conseils, indépendant de la fortune, et qui, en même temps qu'il tenait la bride à la fierté naturelle du peuple pour maintenir le repos au-dedans, devait le nourrir d'un orgueil républicain, qui le rendît intrépide, audacieux au-dehors.

Autant ces compagnies stables et inamovibles pouvaient-elles suivre des maximes particulières qui n'étaient point des lois positives, autant est-il difficile aux communes de France, périodiquement renouvelées, de marcher sur un plan de sagesse, si cette sagesse n'est la loi elle-même.

Il dérive de ces considérations que l'aristocratie de France n'est point propre à la conquête, parce qu'elle veut une suite de résolutions qui interromprait la vicissitude et le génie divers des législatures.

Elle fera bien d'aimer la paix, et de ne se départir pas de sa nature qui est l'égalité ou l'harmonie intérieure ; si jamais elle se laissait aller à l'attrait de la domination, elle verrait tout se dissoudre ; les mouvements qu'il lui faudrait prolonger énerveraient d'autant plus leur force ; elle perdrait au-dedans ce qu'elle gagnerait au-dehors, et les victoires ne seraient pas moins foudroyantes que les défaites pour la constitution chez un peuple insolent et versatile.

Après que le peuple romain eut conquis le monde, il acheva de conquérir le sénat ; lorsqu'il fut assouvi, le délire de sa puissance le conduisit à l'esclavage.

Le principe de l'aristocratie française est le repos.

CHAPITRE VIII
DE LA NATURE DE LA MONARCHIE

La monarchie de France est à peu près la même que la première de Rome ; ses rois proclamaient les décrets publics, maintenaient les lois, commandaient les armées, et se bornaient à la simple exécution : aussi voit-on que la liberté ne rétrograda point et consuma même cette royauté. Mais cette révolution dériva moins de l'essor de la liberté civile, toute ardente qu'elle était, que du pouvoir étonnant que voulut usurper tout à coup le monarque sur des lois vigoureuses qui le repoussèrent. La France a établi la monarchie sur la justice, pour qu'elle ne devînt pas exorbitante.

Le monarque ne règne point, quel que soit le sens d'un mot, il gouverne ; le trône est héréditaire dans sa maison, il est indivisible ; je traiterai en son lieu de cet objet ; n'examinons maintenant que la puissance monarchique dans sa nature.

L'intermédiaire des ministres eût été dangereux si le monarque eut été souverain, mais le prince lui-même est intermédiaire ; il reçoit les lois du corps législatif et lui rend compte de l'exécution ; il ne peut rappeler que le texte, et renvoie aux législatures ce qui tient à l'esprit.

Louis Antoine de Saint-Just

Par la sanction que prononce le monarque, il exerce moins sa toute-puissance qu'une délégation inviolable de celle du peuple : le mode de son acceptation comme de son refus est une loi positive, en sorte que cette acceptation et ce refus sont l'usage de la loi, et non de la volonté ; le frein d'une institution précaire qui demande quelque maturité, et non la défense ; le nerf de la monarchie, et non de l'autorité royale. Ce qu'il y aurait de puissance dans le refus expire après la législature ; le peuple renouvelle en ce moment la plénitude de sa souveraineté, et rompt la suspension relative du monarque.

Dans un gouvernement mixte, tous les pouvoirs doivent être réprimants, toute incohérence est harmonie, toute uniformité est désordre.

Il faut un œil à la liberté qui observe le législateur même, et une main qui l'arrête. Cette maxime peut être bonne, surtout dans un État où la puissance exécutive, qui ne change point, est dépositaire des lois et des principes que l'instabilité des législations pourrait ébranler.

La monarchie française, immobile au milieu de la constitution toute mouvante, n'a point d'ordres intermédiaires, mais des magistratures duennales.

Seul le ministère public est à vie, parce qu'il exerce une censure continuelle sur des offices renouvelés sans cesse : comme tout change autour de lui, les magistratures le trouvent toujours nouveau.

La monarchie, au lieu d'ordres moyens dans le peuple, par où circule la volonté suprême, a divisé son territoire en une espèce de hiérarchie qui conduit les lois de la législation au prince, de celui-ci dans les départements, de ceux-ci dans les districts, de ces derniers dans les cantons, en sorte que l'empire couvert des droits de l'homme, comme de riches moissons, présente partout la liberté près du peuple, l'égalité près du riche, la justice près du faible.

Il semble que l'harmonie morale n'est sensible qu'autant qu'elle ressemble à la régularité du monde physique. Qu'on examine la progression des eaux depuis la mer qui embrasse tout jusqu'aux ruisseaux qui baignent les prairies, et l'on a l'image d'un gouvernement qui fertilise toutes choses.

SECONDE PARTIE

Tout émane de la nation, tout y revient et l'enrichit ; tout coule de la puissance législatrice, tout y retourne et s'y épure, et ce flux et reflux de la souveraineté et des lois unit et sépare les pouvoirs qui se fuient et se cherchent.

La noblesse et le clergé, qui furent le rempart de la tyrannie, ont disparu avec elle ; l'une n'est plus, l'autre n'est que ce qu'il doit être.

Dans les siècles passés, la constitution n'était que la volonté d'un seul, et la toute-puissance de plusieurs : l'esprit public était l'amour du souverain, parce qu'on redoutait les grands ; l'opinion était superstitieuse parce que l'État était rempli de moines qu'honoraient l'ignorance des grands et la stupidité du peuple ; quand celui-ci a cessé de craindre les grands, abaissés dans le siècle dernier, et que le crédit des hommes puissants a manqué aux moines, le vulgaire a moins révéré le froc, l'opinion s'est détruite peu à peu, et les mœurs l'ont suivie.

Avant que l'opinion fût tout à fait dessillée, les trésors d'un chapitre portés à la Monnaie auraient armé le clergé ; tout était fanatisme, illusion ; aujourd'hui, on a dépouillé, sans le moindre scandale, les temples, les maisons religieuses ; on a vidé et démoli les lieux saints ; on a porté au Trésor public les vases, les saints, les reliquaires ; on a dénoué en quelque sorte et supprimé les vœux monastiques ; les prêtres n'ont point allumé le ciel ; ils reçurent la plupart la nouvelle de leur suppression comme un de ses bienfaits ; l'opinion n'était plus ni dans le monde ni parmi eux ; on ne confondait plus l'encensoir avec .le Dieu. Tout est relatif dans le monde ; Dieu même et tout ce qui est bon est un préjugé pour le faible ; la vérité n'est sensible qu'au sage.

Quand le cardinal de Richelieu abattit les grands et les moines qu'on haïssait après le sang des guerres civiles, il devint un despote, qu'on commença à redouter ; il prépara sans y penser l'État populaire, tua le fanatisme qui n'a plus poussé que quelques derniers soupirs, et changea l'opinion qui depuis est toujours tombée.

Le clergé contrefit le fanatisme quand il fut sans crédit ; Port-Royal fut l'arène avec la Sorbonne ; personne ne prit sérieusement parti dans ces querelles, et on s'en divertit comme d'un spectacle, où se reproduisent les résolutions des empires qui ne sont plus.

Tout était uni auparavant par une dépendance secrète, on ne

Louis Antoine de Saint-Just

dépendit plus que du tyran ; l'opinion fut la crainte et l'intérêt ; aussi ce siècle fut-il celui des flatteurs ; il ne fallait plus de la noblesse dans les armées, elle effrayait le despotisme : Louis XIV la regretta dans la suite et la chercha pour s'ensevelir avec elle sous les débris de la monarchie ; il ne trouva déjà plus que des esclaves ; toutefois la vanité fit encore des héros ; sous le règne suivant on rétablit la noblesse dans les emplois, mais il n'était plus temps, elle était corrompue. Le peuple fut jaloux, il méprisa ceux qui le commandaient, le malheur lui tint lieu de vertu ; nous voici au temps où la révolution a éclaté.

La monarchie, n'ayant plus de noblesse, est populaire.

CHAPITRE IX
DES PRINCIPES DE LA MONARCHIE

Peut-être était-ce un paradoxe en politique qu'une monarchie sans honneurs, et un trône qui, sans être électif comme en Moscovie, ni disponible comme au Maroc, fût une magistrature héréditaire plus auguste que l'empire même.

J'ai dit que la monarchie était sans honneurs parce que le monarque n'en est plus la source, mais le peuple, dispensateur des emplois ; elle a toutefois une vertu relative qui sort de la jalousie et de la vigilance dont elle-même est le motif et l'objet.

Je parle de l'esprit fondamental de la monarchie ; elle paraîtra toujours populaire, quel que soit son penchant vers la tyrannie, comme le peuple se trouvera zélé pour la monarchie, quel que soit l'amour de la liberté.

La monarchie n'aura point de sujets, elle appellera le peuple ses enfants, parce que l'opinion aura rendu le despotisme ridicule, mais elle n'aura pas plus d'enfants que de sujets, le peuple sera libre.

Son caractère sera la bienveillance, parce qu'elle aura la liberté à ménager, l'égalité à reconnaître, la justice à rendre.

Elle observera des lois avec une espèce de religion pour n'avoir point à se départir de sa volonté, ou pour réprimer celle de tous autres ; elle sera compatissante quand elle essayera la tyrannie, sévère quand elle soutiendra la liberté.

Le peuple la chérira parce que son cœur s'endormira à la mollesse, et ses yeux à la magnificence ; cependant son imagination se fera un préjugé de la liberté, l'illusion sera une patrie.

CHAPITRE X
DES RAPPORTS DE TOUS CES PRINCIPES

J'ai cru au premier coup d'œil, comme beaucoup d'autres, que les principes de la constitution de France, incohérents par leur nature, s'useraient par le mouvement et ne se lieraient pas ; mais quand j'ai pénétré l'esprit du législateur, j'ai vu sortir l'ordre du chaos, les éléments se séparer et créer la vie.

Le monde intelligent dans lequel une république particulière est comme une famille dans la république elle-même offre partout des contrastes, et quelquefois des bizarreries si marquées, qu'elles ne peuvent être qu'un bien relatif sans le grand dessein de la constitution générale, à peu près comme dans le monde physique les imperfections de détail concourent à l'harmonie universelle.

Dans le cercle étroit qu'embrasse l'âme humaine, tout lui semble déréglé comme elle, parce qu'elle voit tout détaché de son origine et de sa fin.

La liberté, l'égalité, la justice sont les principes nécessaires de ce qui n'est pas dépravé, toutes les conventions reposent sur elles comme la mer sur sa base et contre ses rivages.

On ne présumait pas que la démocratie d'un grand empire pût produire la liberté, que l'égalité pût naître de l'aristocratie, et la justice de la monarchie ; la nation a reçu ce qui lui convenait de liberté pour être souveraine ; la législation est devenue populaire par l'égalité, le monarque a conservé la puissance dont il avait besoin pour être juste. Qu'il est beau de voir comment tout a coulé dans le sein de l'État monarchique, que les législateurs ont judicieusement choisi pour être la forme d'un grand gouvernement ; la démocratie constitue, l'aristocratie fait les lois, la monarchie gouverne !

Tous les pouvoirs sont issus des principes et s'élaborent sur leur base immobile ; la liberté les a fait naître, l'égalité les maintient, la justice règle leur usage.

À Rome, à Athènes, à Carthage les pouvoirs étaient quelquefois une seule magistrature ; la tyrannie était toujours près de la liberté ;

aussi on établit des censures de diverses manières ; en France il n'est point de pouvoir à parler sagement, les lois commandent seules, leurs ministres sont comptables les uns envers les autres et tous ensemble à l'opinion, qui est l'esprit des principes.

CHAPITRE XI
CONSÉQUENCES GÉNÉRALES

Dans une constitution pareille, où l'esprit s'échauffe et se refroidit sans cesse, il est à craindre que des gens habiles, fatiguant les lois, ne se mettent à la place de l'opinion, pleine de maximes qui fortifient l'espoir de l'impunité.

Je suis las d'entendre dire qu'Aristide est juste, disait un Grec de bon sens.

Le monarque est surtout à redouter, il est comme Dieu qui a ses lois auxquelles il se conforme, mais qui peut tout le bien qu'il veut, sans pouvoir le mal. S'il était guerrier, politique, populaire, la constitution pencherait au bord d'un abîme ; il vaudrait mieux que la nation fût vaincue, que le monarque ne triomphât. Je souhaite à la France des victoires dans son sein, des défaites chez ses voisins.

Les pouvoirs doivent être modérés, les lois implacables, les principes sans retour.

CHAPITRE XII
DE L'OPINION PUBLIQUE

L'opinion est la conséquence et la dépositaire des principes. Dans toutes choses le principe et la fin se touchent où elles sont bien prêtes à se dissoudre. Il y a cette différence entre l'esprit public et l'opinion, que le premier se forme des rapports de la constitution ou de l'ordre, et que l'opinion se forme de l'esprit public.

La constitution de Rome était la liberté ; l'esprit public, la vertu ; l'opinion, la conquête. Au Japon, la constitution (si je peux me servir de ce terme) est la violence ; l'esprit public, la crainte ; l'opinion, le désespoir. Chez les peuples de l'Inde, la constitution est le repos ; l'esprit public, le mépris de la gloire et de l'or ; l'opinion, l'indolence.

En France, la constitution est la liberté, l'égalité, la justice ; l'esprit public, la souveraineté, la fraternité, l'assurance ; l'opinion, la nation, la loi et le roi.

J'ai démontré combien étaient vrais les principes de la constitution ; j'ai fait voir leurs rapports entre eux ; je vais chercher les rapports de la constitution avec ses principes et avec ses lois.

*

* *

Louis Antoine de Saint-Just

TROISIÈME PARTIE
DE L'ÉTAT CIVIL DE LA FRANCE, DE SES LOIS, ET DE LEURS RAPPORTS AVEC LA CONSTITUTION

CHAPITRE PREMIER
PRÉAMBULE

La constitution est le principe et le nœud des lois toute institution qui n'émane pas de la constitution est tyrannie ; c'est pourquoi les lois civiles, les lois politiques, les lois du droit des gens doivent être positives, et ne laisser rien soit aux fantaisies, soit aux présomptions de l'homme.

CHAPITRE II
COMMENT L'ASSEMBLÉE NATIONALE DE FRANCE A FAIT DES LOIS SOMPTUAIRES

Ceux-là se trompent, qui pensent que l'Assemblée nationale de France fut embarrassée de la dette publique, et qu'elle rétrécit ses vues législatrices ; toutes les bases étaient posées... Les lois somptuaires, si dangereuses à établir, se sont offertes d'elles-mêmes : le luxe mourait de misère ; la nécessité exigeait des réformes ; la féodalité détruite élevait le cœur du peuple et renversait la noblesse ; le peuple, si longtemps insulté, devait applaudir à sa chute. La dette publique fut un prétexte pour s'emparer des biens du clergé ; les débris de la tyrannie préparaient une république. M. de Montesquieu l'avait prévu, quand il a dit : " Abolissez dans une monarchie les prérogatives des seigneurs, du clergé, de la noblesse, des villes, vous aurez bientôt un État populaire ou un État despotique " : un État populaire dans le cas où les privilèges seraient détruits par le peuple, despotique dans le cas où le coup serait porté par les rois.

Rome fut libre ; mais si Tarquin était rentré dans Rome, elle eût été plus écrasée que les Locriens par Denys le Jeune. On en peut dire autant et bien plus de la France, qui n'avait point de mœurs et n'aurait plus de lois.

Tout le monde pouvait réparer, bâtir ; mais les communes ont surtout montré leur sagesse en détruisant, en anéantissant.

Il fallait une juste proportion entre deux extrémités, selon la réflexion du grand homme que j'ai cité

" Vous aurez un État populaire ou un État despotique. " Le chef-d'œuvre de l'Assemblée nationale est d'avoir tempéré cette démocratie.

Nous verrons quel parti elle a tiré de ce que j'ai appelé des lois somptuaires ; comment ses institutions en ont suivi la nature ; comment la vigueur des nouvelles lois a repoussé le vice des anciennes ; et comment les usages, les manières et les préjugés, même les plus inviolables, ont pris le ton de la liberté.

Sous le premier et le deuxième empereur romain, le sénat voulut rétablir les anciennes lois somptuaires qu'avait faites la vertu : cela fut impraticable, parce que la monarchie était formée, parce que l'empire opulent était noyé dans les plaisirs, enivré de félicité et de gloire ; comment le peuple de gaieté de cœur aurait-il cherché d'autres plaisirs, d'autre félicité, d'autre gloire, dans la médiocrité ? Le monde était conquis, on croyait ne plus avoir besoin de vertu.

La pauvreté est si fort ennemie de la monarchie que, quoique celle de France en fût exténuée, le luxe était cependant à son comble, et qu'il a fallu que la honte et l'impuissance amenassent la réforme, comme la débauche conduit à la débauche, et enfin à la mort. Les ménagements ont été délicats ; on a opéré la réforme des ordres, des administrations, au lieu de celle des particuliers.

En ôtant les pensions, les grâces, les honneurs aux grands, on satisfit le vulgaire jaloux, qui, plus vain encore qu'il n'est intéressé, ne vit point d'abord, et ensuite ne put ou n'osa se plaindre que le luxe perdu des grands avait englouti la source du sien. Il y avait plus loin de l'endroit où l'on était à celui d'où on venait qu'à celui où l'on allait ; le corps était trop lourd pour retourner sur ses pas.

Lycurgue savait bien que ses lois seraient difficiles à établir, mais que si elles prenaient une fois, leurs racines seraient profondes ; on sait tout. Il rendit le sceptre de Lacédémone au fils de son frère, et quand il se fut assuré par le respect qu'il inspira qu'on suivrait ses lois jusqu'à son retour de Delphes, il partit en exil, ne revint plus, et ordonna que ses os seraient jetés dans la mer. Lacédémone garda ses lois et fleurit longtemps.

De tout ceci on peut induire que quand un législateur s'est ployé

Louis Antoine de Saint-Just

sagement aux vices d'une nation et a ployé les vertus possibles du peuple à lui-même, il a tout fait. Lycurgue assura la chasteté en violant la pudeur, et tourna l'esprit public vers la guerre parce qu'il était féroce.

Les législateurs de France n'ont point supprimé le luxe qu'on aimait, mais les hommes magnifiques qu'on n'aimait pas ; ils n'ont point paru attaquer le mal, mais vouloir le bien.

Une grande cause de leurs progrès dans ce genre, c'est que tous les hommes se méprisaient ; le vulgaire dédaignait le vulgaire ; les grands jouaient les grands : tout le monde fut vengé.

CHAPITRE III
DES MŒURS CIVILES

Les mœurs sont les rapports que la nature avait mis entre les hommes ; ils comprennent la piété filiale, l'amour et l'amitié. Les mœurs dans la société sont encore ces mêmes rapports, mais dénaturés. La piété filiale est la crainte ; l'amour, la galanterie ; l'amitié, la familiarité.

Une constitution libre est bonne à mesure qu'elle rapproche les mœurs de leur origine, que les parents sont chéris, les inclinations pures et les liaisons sincères. Ce n'est que chez les peuples bien gouvernés qu'on trouve des exemples de ces vertus qui demandent dans les hommes toute l'énergie et la simplicité de la nature. Les gouvernements tyranniques sont pleins de fils ingrats, d'époux coupables, de faux amis ; j'en atteste l'histoire de tous les peuples. Mon dessein n'est ici que de parler de la France ; on peut dire qu'elle n'a dans ses mœurs civiles ni vertus ni vices, elles sont toutes de bienséance ; la piété filiale est le respect ; l'amour, un nœud civil ; l'amitié, un amusement, et toutes ensemble l'intérêt.

Il est une autre espèce de mœurs, les mœurs privées, déplorable tableau que la plume se refuse quelquefois à tracer ; elles sont l'inévitable suite de la société humaine, et dérivent de la tourmente de l'amour-propre et des passions. Les cris des déclamateurs ne cessent de les poursuivre sans les atteindre : les peintures qu'ils en font ne servent qu'à achever de les corrompre. Elles se cachent souvent sous le voile de la vertu, et tout l'art des lois est de les repousser sans cesse sous ce voile. Voilà ce qui est resté des sacrés préceptes de la nature dont nous reverrons encore l'ombre civilisée. La nature est sortie du cœur des hommes et s'est cachée dans leur imagination ; cependant si la constitution est bonne, elle réprime les mœurs ou les tourne à son profit, comme un corps robuste se nourrit d'aliments vils.

Les lois des propres, des testaments, des tutelles sont l'esprit du respect filial. Les lois des acquêts, des donations, des dots, des douaires, des séparations, du divorce sont l'esprit du lien conjugal : les contrats sont l'esprit de l'état civil, ou ses rapports sociaux, qu'on appelle intérêts. Voilà les débris de l'amitié, de la confiance ; la violence des lois fait qu'on peut se passer de gens de bien.

Les lois civiles de France paraîtront admirables à quiconque peut approfondir les ressources que la nature laissait aux hommes dans la raison, tant elle est infinie, harmonieuse et inépuisable. La sagesse a placé les fondements éternels des lois françaises sous les diverses considérations du contrat social ; elles sont la plupart puisées dans le droit romain, c'est-à-dire dans la source la plus pure qui fut jamais. Il est seulement fâcheux qu'elles érigent en devoirs intéressés les plus doux sentiments de nos entrailles, et qu'elles n'aient pour principe que la propriété avare.

En effet, le droit civil est le système de la propriété. Le croirait-on, que l'homme se soit assez éloigné de cet aimable désintéressement qui semble être la loi sociale de la nature, pour honorer cette triste propriété du nom de loi naturelle ? Êtres passagers sous le ciel, la mort ne nous avait-elle point appris que loin que la terre nous appartint, notre stérile poussière lui appartenait à elle-même ? Mais que sert de rappeler une morale désormais inutile aux hommes, à moins que le cercle de leur corruption ne les ramène à la nature. Il n'est point de mon sujet de faire un songe ; je veux dire que la terre soit partagée entre les humains après la mort de leur mère commune, et que la propriété a des lois qui peuvent être pleines de sagesse, qui empêchent la corruption de se dissoudre, et le mal d'abuser de lui-même. L'oubli de ces lois avait fait naître la féodalité, leur ressouvenir l'a renversée ; ses ruines ont étouffé l'esclavage, elles ont rendu l'homme à lui-même, le peuple aux lois.

Louis Antoine de Saint-Just

CHAPITRE IV
DU RÉGIME FÉODAL

La suppression des règles féodales détruisit une moitié des lois qui déshonorait l'autre. S'il n'était pénible de s'irriter encore contre le mal qui n'est plus, je dévoilerais ces horreurs qui ont donné l'exemple, chez les modernes, d'une servitude inconnue à l'antiquité même, d'une servitude fondée en morale, et qui était devenue un culte aveugle.

Je me suis demandé longtemps pourquoi la France n'avait pas brûlé jusqu'aux racines de ces détestables abus ; pourquoi un peuple libre payait des droits de mutation ; et pourquoi les droits utiles de la servitude étaient demeurés rachetables : je n'ai pu me persuader que nos sages législateurs aient pu se tromper là-dessus ; j'ai mieux aimé croire que les lods et ventes ont été conservés pour faciliter la vente des domaines nationaux, qui en sont exempts par leur nature ; qu'ils ont été conservés pour ne point causer de révolution dans la condition civile, car tout le monde aurait vendu et acheté ; j'aime mieux dire enfin que les droits utiles ont été rachetables, parce que le mal s'était à la longue érigé en maximes, qu'on devait limer lentement, mais qu'il eût été funeste de rompre.

La liberté coûte toujours peu, quand elle n'est payée qu'en argent. Les communes de France ont ménagé tout ce qui portait un caractère de propriété utile ; c'était l'endroit sensible des hommes d'à présent. Autrefois les nobles auraient dit : prenez tout, mais laissez-nous la bouche et l'éperon ; aujourd'hui le sang des nobles est tellement refroidi qu'ils ne regardaient plus eux-mêmes la noblesse que comme un droit de péage ; on ne parlait plus de ses aïeux qu'à table, et le peuple ne vénérait que les fiefs mouvants.

On a ôté le droit de voirie, on laisse debout les avenues ; on a supprimé l'honneur, la vanité dépouillée est restée nue ; mais on a respecté l'intérêt, et l'on a bien fait : la propriété rend l'homme soigneux ; elle attache les cœurs ingrats à la patrie. Les prérogatives honorifiques, quand elles n'ont plus d'attraits parmi les mœurs politiques, qui sont les rapports de la vanité, rendent les petites âmes arrogantes et mauvaises.

Le décret fameux qui a détruit le régime féodal n'ayant pas enjoint aux propriétaires de rendre leurs titres, un dénombrement, un terrier, ou le simple usage suffisent pour entretenir le cens ; on n'a voulu ni frustrer le véritable propriétaire, ni cacher l'usurpateur.

CHAPITRE V
DE LA NOBLESSE

Les distinctions des ordres formaient les mœurs politiques. Du destin des uns est résulté celui des autres. Le fameux décret sur la noblesse héréditaire a purgé l'esprit public et renversé tout à fait le faux honneur de la monarchie. Il ne surnage plus que quelques noms heureux : d'Assas, Chambord, Lameth, Luckner ; et les noms fameux des héros morts ne sont plus souillés par les bassesses et les indignités des vivants. On peut dire que presque toute la noblesse livrée à la mollesse et aux délices n'avait ni aïeux, ni postérité ; elle avait ridiculisé ses maximes, il n'en existait plus qu'une ombre qui s'évanouit à la lumière.

Si l'esclavage a été un crime dans tous les temps et dans toutes les mœurs, on pourrait dire que la tyrannie eut des vertus chez nos aïeux : on vit des despotes humains et magnanimes ; de nos jours, on remarquait des sybarites atroces, et qui n'avaient plus que les humeurs du sang de leurs aïeux.

L'antique gloire était fanée. Quels secours devait attendre la patrie de cet orgueil épuisé, qui ne regretta que l'opulence et les douceurs de la domination ? Que doit-on admirer le plus d'un peuple qui fit tout pour sa liberté, ou d'une aristocratie qui n'osa rien pour son orgueil ? Le crime était mûr, il est tombé ; disons tout, la noblesse fut rendue à elle-même, et l'Église à son Dieu.

La loi n'a point proscrit la vertu sublime ; elle a voulu qu'on l'acquît soi-même, et que la gloire de nos aïeux ne nous rendît pas insouciants sur nos vertus personnelles.

C'est une absurde maxime que celle de l'honneur héréditaire. Si la gloire que nous avons méritée n'est à nous qu'après notre mort, pourquoi ceux qui l'ont acquise en jouiraient-ils audacieusement pendant leur vie oisive ?

CHAPITRE VI
DE L'ÉDUCATION

Louis Antoine de Saint-Just

La France n'a pas encore porté de lois sur l'éducation au moment où j'écris ; mais sans doute on les verra sortir du tronc des droits de l'homme. Je n'ai donc qu'un mot à dire : l'éducation en France doit enseigner la modestie, la politique et la guerre.

CHAPITRE VII
DE LA JEUNESSE ET DE L'AMOUR

Les grands législateurs se sont distingués surtout par la hardiesse de leurs institutions à l'égard de la pudeur : à Dieu ne plaise que je veuille établir la gymnastique parmi nous. Le culte sévère que professe aujourd'hui l'Europe ne permet plus l'usage de ces lois : seulement je regrette qu'elles nous paraissent si étranges, et que nous ne soyons délicats que parce que nous sommes corrompus.

L'antiquité fut pleine d'institutions qui ressemblent à des vertiges, mais qui attestent son aimable simplicité.

La pudeur n'a commencé à rougir qu'après que le cœur se fut rendu coupable et que les gouvernements ont été affaiblis : les femmes ne sont nulle part plus modestes et plus bouillantes que dans les États tyranniques. Combien était plus touchante l'ingénuité des vierges grecques ! Toutes les vertus antiques sont devenues des égards parmi nous, et nous sommes des ingrats policés.

L'éducation moderne polit les mœurs des filles et les use ; elle les embellit et les rend dissimulées ; et comme elle n'étouffe point la nature, mais la déprave seulement, elle devient un vice et ne fait que se cacher ; de là les tristes inclinations qui pervertissent les mœurs et les mariages imprudents qui tourmentent les lois.

La France doit envier à un peuple voisin cet heureux tempérament qui fait qu'on s'y mésallie sans honte ; mais ce n'est point assez ; il faudrait encore que ce fût avec honneur. Il est vrai que le flegme des hommes de ce climat, un farouche penchant à l'amour, une certaine hauteur qui leur fait brusquer les devoirs sont, plus que la vertu, la raison de ces usages. Quel qu'en soit le principe, il est favorable à la liberté ; il venge la nature, comme la loi des Crétois ramène le naturel, en permettant l'insurrection et la licence.

TROISIÈME PARTIE

CHAPITRE VIII
DU DIVORCE

Rome avait une coutume indigne de sa vertu ; c'était la répudiation ; elle présente à l'esprit quelque chose de plus révoltant que le divorce même. Celui-ci ressemble à une volonté unanime, celle-là est la volonté d'un seul. Il est vrai que les cas de répudiation étaient déterminés, et que ces lois, par la force du caractère public, retournaient à l'avantage des mœurs ; mais de pareilles institutions auraient bientôt perverti ces nations qui regorgent de libertinage.

Quel pouvait être le sentiment de ceux qui voulaient admettre en France le divorce, ou quelle était leur illusion ? On n'en a plus parlé. La séparation est pareillement une infamie qui souille la dignité du contrat social : " Que répondrai-je à tes enfants quand ils me demanderont où est leur mère ? "

Plus les mœurs privées sont dissolues, plus il est important que de bonnes et humaines lois se roidissent contre leur dérèglement. La vertu ne doit rien céder aux hommes en particulier.

Il n'est point de prétexte qui puisse cacher le parjure des époux qui s'abandonnent ; au temps des vœux religieux, il était établi que Dieu même ne pouvait altérer ce nœud sacré, et les époux ne se pouvaient arracher du pied des autels ; leur caractère est indélébile comme celui de frère et de sœur, dit Théophylacte ; quelles que soient les religions et les croyances, le serment d'être uni est Dieu même ; le juif ou le musulman qui se convertit ne peut exciper de sa conversion pour altérer le lien qui l'engage ; le contrat primitif est imprescriptible, et la conversion, loin d'y porter atteinte, y est une prévarication.

Les peuples qui pratiquent le divorce sans périls sont des monstres ou des prodiges de vertu ; ceux qui admettent la séparation se jouent de l'esprit du serment. Pourquoi vous séparez-vous si vous ne vous quittez point ?

Les séparations outragent non seulement la nature, mais la vertu ; on se sépare le plus souvent pour tromper ses créanciers.

CHAPITRE IX
DES MARIAGES CLANDESTINS

Le faux honneur des monarchies a créé les mariages clandestins. C'était encore un vice de la République romaine que l'austère orgueil des ordres qui ne leur permettait pas de s'allier. Rome était remplie de lois dangereuses qui devaient la perdre après qu'elles l'auraient élevée. Ce ne fut point César qui asservit sa patrie, ses lois étaient seulement dégénérées, et Rome marchait à grands pas vers la monarchie.

Vers le déclin de l'empire, il parut cette fameuse loi, *movemur diuturnitate et numero liberorum* ; toute belle et sublime qu'elle était en elle-même, elle fut inutile ; l'honneur la fit taire, elle n'encouragea que le mal.

Les mariages clandestins ne méritent d'effets civils ni dans la monarchie ni dans la république ; les lois ne peuvent rien permettre qui soit caché ; détrompez le ridicule honneur et le fol intérêt, vous n'aurez plus besoin de lois violentes.

Les États despotiques qui n'ont point d'honneur ne connaissent point la clandestinité des mariages ; c'est un malheur de l'esclavage ; il est des États libres qui la connaissent, c'est un malheur de la liberté.

CHAPITRE X
DE L'INFIDÉLITÉ DES ÉPOUX

On a dit que la dépendance naturelle de la femme rendait son infidélité plus coupable que celle du mari ; ce n'est point ici tout à fait que je veux examiner si cette dépendance est naturelle ou politique, je prie seulement qu'on y réfléchisse, mais je veux une bonne fois qu'on m'explique pourquoi le mari qui met des enfants adultérins dans la maison d'un autre, ou de plusieurs autres, est moins criminel que la femme qui n'en peut mettre qu'un dans la sienne. Il y a un contrat entre les époux (je ne parle pas du contrat civil). Le contrat est nul si quelqu'un y perd ; dire que l'époux infidèle n'est point coupable, c'est dire qu'il s'est réservé, par le contrat, le privilège d'être mauvais ; il est donc nul dans son principe naturel ; il ne l'est pas moins dans son principe politique, puisque sa liberté, à cet égard, a dû enfreindre le contrat d'un tiers, ce qui choque le pacte social. Ceux qui portent des lois contre les femmes et non contre les époux auraient dû établir aussi que l'assassin ne serait point le criminel, mais la victime ; mais tout ceci tient aux mœurs. Ô vous ! qui faites des lois, vous en répondez ; les bonnes mœurs peuplent les empires.

CHAPITRE XI
DES BÂTARDS

Toute patrie vertueuse se rendra la mère des infortunés à qui la honte aura refusé le lait et les caresses de la nature ; il reste à l'orphelin des mains qui l'élèvent et qu'il baise ; on lui parle quelquefois de sa mère, dont l'art a pu conserver les traits. Le bâtard, plus malheureux mille fois, se cherche dans le monde ; il demande à tout ce qu'il voit le secret de sa vie ; et comme sa jeunesse est ordinairement trempée d'amertume, le malheur le rend industrieux dans un âge plus avancé.

Est-il rien de plus intéressant que ce triste inconnu ? S'il est une hospitalité religieuse, c'est celle qui recueille celui que la nature lui envoie ; c'est le bienfait le plus sublime qui se puisse rendre dans le monde. Il est le moins intéressé ; il est perdu pour le cœur d'une mère.

Une fille que la faiblesse a trompée n'est point criminelle envers les lois de son pays ; les lois seules sont coupables envers elle. Un préjugé la déshonore, elle n'est que malheureuse.

Les lois sont coupables encore envers le bâtard ; elles persécutent un misérable qu'elles devraient consoler.

Plus les mœurs sont gâtées, plus l'opinion est sévère ; une bonne constitution confond les préjugés et guérit les mœurs.

Les lois règnent sans force partout où les mœurs civiles sont tyrannisées.

CHAPITRE XII
DES FEMMES

Chez les peuples vraiment libres, les femmes sont libres et adorées, et mènent une vie aussi douce que le mérite leur faiblesse intéressante. Je me suis dit quelquefois dans la capitale : hélas ! chez ce peuple esclave, il n'est point une femme heureuse, et l'art avec lequel elles ménagent leur beauté ne prouve que trop que notre infamie leur a fait quitter la nature ; car à la modestie d'une femme, on reconnaît la candeur de son époux.

Chez ce peuple philosophe et volage, tout le monde n'aimait plus que soi à force de mépriser les autres et de se mépriser soi-même ; tout le monde portait un cœur faux sous l'hermine et la soie, et les caresses des époux mêmes étaient dissimulées.

Dans vingt ans, je verrai sans doute avec bien de la joie ce peuple, qui recouvre aujourd'hui sa liberté, recouvrer peu à peu ses mœurs.

Nos enfants rougiront peut-être des tableaux efféminés de leurs pères. Moins énervés que nous par la débauche et le repos, leurs passions seront moins brutales que les nôtres, car dans des corps affaiblis par le vice, on trouve toujours des âmes dures.

Quand les hommes n'ont plus de patrie, bientôt ils deviennent scélérats ; il faut bien poursuivre, à tel prix que ce soit, le bonheur qui nous fuit ; les idées changent, on le trouve dans le crime.

Ô législateurs ! donnez-nous des lois qui nous forcent à les aimer ; l'indifférence pour la patrie et l'amour de soi-même est la source de tout mal ; l'indifférence pour soi-même et l'amour de la patrie est la source de tout bien.

CHAPITRE XIII
DES SPECTACLES

Les Grecs ont été les plus savants hommes du monde dans cet art ; il fut chez eux l'enfant de la liberté, et ne fut souffert à Rome qu'après la perte des mœurs ; les proconsuls, les généraux arrivaient chargés des dépouilles du monde. La liberté romaine était noyée d'or et de délices.

Les riches de la Grèce dissipaient aussi leur opulence en jeux, en spectacles ; la loi qui les y forçait était bonne pour cette aristocratie, elle l'empêchait de troubler l'État ; mais les spectacles inouïs, en formant les arts, détruisirent les lois : on sait quel fut le sort d'Athènes.

La France, dont l'État est tout autre que celui des Grecs, doit être un jour la plus commerçante ou la plus molle des nations.

Elle a des spectacles comme les autres peuples de ce continent ; mais ils influent très peu sur le caractère public ; on y porte l'ennui, on en emporte le dégoût ; la liberté des théâtres fera disparaître les chefs-d'œuvre anciens.

CHAPITRE XIV
DU DUEL

Le duel n'est point un préjugé, mais une manière ; celui-là est un vice de la constitution, celle-ci un vice de l'esprit public. Les préjugés naissaient de la corruption d'un principe ; on est devenu dévot après qu'on a méconnu la piété ; fanatique après la dévotion, vain après qu'on eut perdu l'honneur. Le faux honneur dégénéré de la vertu chevaleresque est ici le préjugé ; le duel est une manière aveugle : tantôt il veut une goutte de sang, tantôt la vie ; au sentiment qui l'a allumé succèdent le regret et la pitié ; la saillie passe, le préjugé demeure.

Toutes les lois possibles portées contre le duel seraient violentes, et ne feraient que des assassins. Qu'on établisse contre le duel des lois relatives qui donnent aux hommes un esprit nouveau, le préjugé n'est plus, et le duel meurt.

Le duel est enfant du despotisme et de la liberté ; quand ils sont réunis, l'un gâte les lois, l'autre les hommes, et la violence doit décider entre eux. Depuis plusieurs siècles les rois de France ont porté de terribles édits contre ce crime ; ils ne firent que l'irriter au lieu de l'éteindre ; c'étaient des lois injustes, elles arrêtaient la vengeance et point l'injustice ; mais on était bien loin de vouloir arrêter la tyrannie ; on força seulement les spadassins à se cacher, et le faux honneur subsistant toujours, la vertu même fut contrainte à s'oublier entre le meurtrier et le bourreau, la honte et l'infamie. Tout bien dérive de la bonté des lois, tout mal de leur corruption.

L'impuissance des édits était telle, qu'on vit les parties condamnées demander raison à leurs propres juges, et se battre avec eux ; le juge qui eût refusé le combat eût passé pour infâme. Cela devait être, la loi était mauvaise ; elle condamnait l'épée et ne déshonorait point le bras.

L'inviolabilité des représentants de la Nation fut une chimère contre le duel ; tous les règlements qu'on eût imaginés contre cet abus auraient semblé le prétexte d'une lâcheté dans l'occasion. Le duel de MM. Castries et Lameth souleva Paris à la vérité, mais

Louis Antoine de Saint-Just

qu'on ne s'y trompe point, le peuple craignait la perte de ses défenseurs.

Si la constitution est vigoureuse, le duel se consumera de lui-même. Les vices viennent de la faiblesse ; ils périssent avec elle et ne se corrigent point.

CHAPITRE XV
DES MANIÈRES

Le Français n'a rien perdu de son caractère en saisissant sa liberté, mais il a changé de manières. Comme auparavant la pauvreté manquait de prétextes, le luxe se surpassait lui-même et devenait une passion impuissante, furieuse. Après la Révolution, les tributs étant excessifs et religieux, et l'égalité croissant par l'indigence, la simplicité vint de l'orgueil.

Le vieux sel de la nation étant conservé, la tyrannie parut un ridicule, la liberté une plaisanterie, l'esprit une vertu.

On vit beaucoup de déclamateurs parce qu'on avait plus d'esprit que de sens ; la tête était libre, le cœur ne l'était pas.

La politesse devint affectueuse, on ne salua plus, on s'embrassa.

On vit beaucoup de gens de bien et de génies ardents ; la liberté fut une passion plutôt qu'un sentiment ; les amis de la patrie formèrent des sociétés où régnait le plus habile. Celle des Jacobins fut la plus fameuse. Elle était remplie de quatre hommes vraiment grands, et dont nous parlerons un jour ; rien n'est mûr aujourd'hui.

CHAPITRE XVI
DE L'ARMÉE DE LIGNE

La nature d'une armée de ligne est la servitude ; quelle honnêteté peut-on attendre de ces hommes qui se font tuer pour de l'argent ? Le soldat est véritablement un esclave, et l'esclave armé n'est bon que chez un peuple guerrier.

Quand la Germanie et l'Égypte ne furent plus conquérantes, les esclaves conquirent leur liberté ou brouillèrent les lois.

L'insolence du soldat corrompt les mœurs d'un peuple libre ; mais comme il n'est point de vice que l'art du législateur, s'il n'est point un tyran, ne puisse plier à la liberté, il est possible que l'armée devienne l'école de la vertu, et le principe de l'éducation.

Supprimez et rendez à la glèbe cette innombrable foule de gens à la solde des lois (pour me servir de l'expression de l'immortel Rousseau) ; que la jeunesse, au lieu d'user sa vie parmi les délices et le vice oisif des capitales, attende dans l'armée de ligne l'époque de sa majorité ; qu'on n'acquière le droit de citoyen qu'après un service de quatre années dans l'armée ; vous verrez bientôt la jeunesse plus sérieuse, et l'amour de la patrie devenu une passion publique. Les mœurs et les usages chez les nations libres dérivent des lois ; dans la monarchie, du prince ; dans le despotisme, de la religion ; c'est pourquoi, dans le premier cas, tout concourt à la liberté ; dans le second tout tend à l'œil et à l'appui du monarque ; et dans le troisième tout est superstitieux.

CHAPITRE XVII
DES GARDES NATIONALES

C'était au milieu de l'anarchie, parmi la tempête de la liberté, que cette dangereuse institution calma tout ; le peuple se lia de ses mains, se maîtrisa lui-même ; l'ordre naquit de la confusion ; on apprit à se respecter parce qu'on tombait à chaque instant sous la dépendance l'un de l'autre ; d'utiles terreurs soudain répandues formaient l'esprit public, et faisaient supporter le poids des armes et la fatigue des veilles. Chacun fut dépositaire de la loi, il ne resta plus personne pour la violer ; d'un côté le peuple sentit sa gloire et fut généreux ; de l'autre il connut sa force et ne redouta rien.

Quelques-uns prédirent que le peuple se lasserait bientôt de tant de fatigues, autant valait-il dire qu'il se lasserait de son orgueil ; il était bien plus à craindre qu'il ne se ralentît point du tout. Il a fallu le réprimer plus souvent que l'exciter. On soumit bientôt l'armée au commandement du ministère civil ; sans cela l'opinion fût devenue militaire, et les magistratures auraient été sanglantes.

J'ai vu des personnes se récrier sur l'humiliation où la garde citoyenne est selon eux tombée par l'appui de la perception des tributs ; c'était un reste de préjugé qui attachait de l'infamie aux coupables impôts établis par le despotisme. La protection des tributs, s'ils ont été librement consentis, est un titre de souveraineté, que le monarque lui-même exerçait autrefois. Quand la patrie commande, rien n'est honteux. Le soldat d'un État libre est plus grand que le vizir d'un despote.

Quelle pénétration il a fallu pour rendre vertueux les sujets d'une monarchie, et pour produire une opinion qui liguât la force et les principes ; c'est là, sans doute, le comble de l'habileté, et la raison la plus sage qui se puisse donner du calme qui suivit l'insurrection.

CHAPITRE XVIII
DE LA RELIGION DES FRANÇAIS
ET DE LA THÉOCRATIE

Si le Christ renaissait en Espagne, il serait de nouveau crucifié par les prêtres, comme un factieux, un homme subtil, qui, sous l'appât de la modestie et de la charité, méditerait la ruine de l'Évangile et de l'État ; en effet ce législateur porta le coup à l'Empire romain. Le règne de la vertu, de la patience, de la pauvreté devait abattre l'orgueil de la monarchie en rectifiant les mœurs.

Qu'on examine l'esprit de la religion du Christ dans les différents États d'Europe, depuis que l'Église eut dissous l'empire de Rome, dont ils ne sont tous que comme des débris ; les contrées où l'Évangile est demeuré pur sont devenues républicaines ; c'est pourquoi l'Italie, qui fut le centre de la législation, est restée couverte de républiques, et c'est pourquoi les peuples sévères ont repris leur liberté.

Le christianisme a fait peu de progrès dans l'Orient, dans l'Asie, dans l'Afrique et dans tous les pays autres à mesure que la nature du climat contrariait l'esprit de la liberté, et inclinait vers la monarchie. Les peuples qui vivaient libres simplifieront beaucoup plus la morale que les peuples superbes qui s'enorgueillissent sous le joug d'un seul ; chez les premiers, le sacerdoce n'aura point de faste, mais il sera rigide observateur de ses devoirs, les dogmes seront simples, et les rites modestes ; chez les seconds, le prêtre prendra part au gouvernement, et fera ployer tous les principes de la modestie à ceux de la politique ; les dogmes seront déliés, tyranniques, les rites mystérieux.

L'Espagne sera le dernier peuple de l'Europe qui conquerra sa liberté, parce qu'il a mis aussi le plus d'orgueil dans sa religion ; par la même raison l'Angleterre devait secouer la tyrannie plus tôt ou plus aisément que les autres contrées, parce que le climat était peu propre à la superstition et à la jactance des prêtres.

On a dit que le christianisme n'était point propre à l'État social ; ceux qui l'ont dit confondaient l'Évangile avec la glose des prêtres. Le mépris pour les choses du monde, le pardon des injures, l'indifférence pour l'esclavage ou la liberté, la soumission au joug des hommes, sous prétexte que c'est le bras de Dieu qui l'appesantit, tout cela n'est pas l'Évangile, mais son travestissement théocratique. L'Évangile n'a voulu former que l'homme et ne s'est pas mêlé du citoyen, et ses vertus, que l'esclavage a rendues politiques, ne sont que des vertus privées.

Qu'il faille obéir aux puissances, ce n'est pas qu'on veuille dire qu'il faille obéir aux tyrans, mais aux lois décrétées par le souverain ; qu'il faille pardonner le mal, ce n'est point à dire qu'il faille être indifférent pour la patrie, et pardonner aux ennemis qui la dévastent ; il faut pardonner à nos frères tout ce qui nous blesse personnellement, mais non tout ce qui blesse les lois du contrat : étendre jusque-là les principes de la charité, c'est faire de l'homme une bête pour l'asservir au nom de Dieu.

L'Évangile est la vie civile entre les mains des tyrans, il n'est que la vie domestique dans l'État de liberté, et c'est la vie domestique qui est le principe de la vertu. Aussi comme dans l'esclavage, la religion est au-dessus des prêtres, parce qu'ils prétendent représenter la souveraineté du monde ; dans la république elle règne au-dessus d'eux, puisque la fin n'est que par le principe et que la souveraineté divine est alors, non point représentée, mais figurée par la souveraineté de la nation qui est un tout.

En vain attaque-t-on les pontifes hébreux, les vicaires de Jésus-Christ et leurs pouvoirs, rien ne justifie les tyrans, et la souveraineté des nations est aussi imprescriptible que celle de l'Être suprême, quoiqu'on l'ait usurpée.

J'avais parlé du culte, du sacerdoce, j'ai dû parler de la religion ; quand je dirai quelque part dans ce livre que le trône et l'autel sont inébranlables alors qu'ils sont unis, je ne parlerai que de l'État théocratique et non de la République. C'est là que je dirai si une agrégation religieuse a pu prendre la place de souverain et prétendre à la propriété du domaine.

Je laisse au lecteur le soin de faire l'application de ces principes à la religion catholique, apostolique et romaine des Français.

CHAPITRE XIX
DE LA RELIGION DU SACERDOCE

Les anciens n'avaient point de lois religieuses, le culte était superstitieux ou politique. La Grèce n'a vu qu'un trait de fanatisme, encore était-ce une fourberie de Philippe, quand il mena ceux de Thèbes et de Thessalie contre les Phocidiens pour venger le prétendu mépris d'Apollon.

Les premiers Romains, les premiers Grecs, les premiers Égyptiens furent chrétiens. Ils avaient des mœurs et de la charité : voilà le christianisme. Ce qu'on appela les chrétiens depuis Constantin ne furent la plupart que des sauvages ou des fous.

Le fanatisme est né de la domination des prêtres européens. Un peuple qui a dompté sa superstition a beaucoup fait pour sa liberté ; cependant il se doit bien garder d'altérer la morale ; elle est la loi fondamentale de la vertu.

La France n'a point démoli son Église, mais en a repoli les pierres. Elle a pris le pouls des passions publiques, et n'a ôté que ce qui tombait de soi-même. Les scrupules canoniques des évêques n'ont plus semblé et n'étaient vraiment que des sophismes, parce que les conventions avaient changé et qu'ils s'étayaient de formes au lieu de maximes.

On prescrivit un serment qui rendit civil le sacerdoce, mais on fit très bien de n'attacher au refus de le prêter d'autre peine que la perte du temporel ; par là le fanatique fut réduit à vivre de racines ou à trahir un cœur avare. Le ministère ecclésiastique fut électif ; s'il eut été une faveur, ce qui naissait de la flatterie eût étouffé la vérité.

Ainsi tomba cette terrible théocratie qui avait bu tant de sang. Ainsi Dieu et la vérité furent affranchis du joug de leurs prêtres.

CHAPITRE XX
DES NOUVEAUTÉS DU CULTE
CHEZ LES FRANÇAIS

Quelle que soit la vénération que mérite de nous la piété de nos pères, quelle que soit la grandeur infinie de Dieu et le mérite de son Église, la terre appartient aux bras des hommes, et les prêtres aux lois du monde, dans l'esprit de la vérité. Cette vérité descend de Dieu éternel ; elle est l'harmonie intelligente ; elle ne peut être blessée que par ce qui est mauvais en lui-même, et non par ce qui est mauvais par rapport à une volonté antérieure.

Les lois de France n'ont changé ni l'ordre, ni la mission des prêtres, ni le culte, ni la morale ; elles n'ont rien changé à l'harmonie intelligente possible, elles n'en ont changé que le mode qui concourt au même dessin.

Il en est de même de toutes les autres lois qui peuvent être abrogées quand il en résulte un bien, et quand, par la révolution des temps, elles ont cessé de concourir à l'ordre moral. Rien n'est sacré que ce qui est bon ; ce qui a cessé de l'être n'est plus sacré : la vérité seule est absolue.

Dieu donna de mauvaises lois aux Hébreux ; ces lois étaient relatives, et n'étaient inviolables que tant que les Juifs seraient mauvais ; elles devenaient un bien par rapport à des ingrats ; elles auraient été un mal par rapport à des saints ; toute voie qui conduit à l'ordre est pure ; toute voie qui n'éloigne point de la sagesse est pure, et mène à Dieu.

Combien est humain le langage de ces pieux aveugles, qui cherchent Dieu hors de l'harmonie même, qui le rendent le principe d'un désordre absolu. Dieu ne confond point les temps ni les hommes ; sa sagesse varie ses conseils, elle est imperturbable à travers des révolutions, et perce toujours.

L'Assemblée nationale a refusé de déclarer la religion catholique celle de l'État, elle a bien fait ; c'était une loi de fanatisme qui eût tout perdu ; mais je prie qu'on examine avec quelle sagesse la loi s'est établie d'elle-même ; la religion catholique embrasse seule le sacerdoce public et l'épiscopat ; la loi qui donne aux protestants la qualité civile d'électeur, pour nommer aux dignités ecclésiastiques, confond sa croyance au lieu d'altérer la nôtre.

CHAPITRE XXI
DES MOINES

Une des causes qui empêcheront la liberté de pénétrer dans les

Indes est la multitude des bramines ; ce sont les rites qui enchaînent la plupart de ces pauvres peuples. L'effroi a beaucoup tyrannisé l'Europe. Les ravages de l'ignorance, après le Bas-Empire, furent incroyables ; on en doit accuser la tyrannie des moines, et leur vie stupide ; cette institution venue de l'épouvante des dogmes ébranla toutes les lois, et créa des vertus stoïques inutiles au monde. La vie céleste qu'on mena sur la terre enfantait peu à peu le fanatisme, qui déchira depuis la monarchie.

On a moins vu de guerres de religion dans les contrées de l'Europe, à mesure que le crédit des moines y était moins saint et moins révéré. Les vertus farouches font les mœurs atroces.

Les biens prodigieux que l'état monastique avait accumulés déposaient plutôt contre lui-même qu'en faveur des pieuses âmes qui les avaient fondés.

Ceux qui proposaient, dans l'Assemblée nationale, de la part du clergé, le rachat de sa première existence, ou voulaient renverser la constitution, ou ne la connaissaient pas.

CHAPITRE XXII
DU SERMENT

Celui qu'on prête en France est le lien du contrat politique ; il est pour le peuple un acte de consentement et d'obéissance ; dans le corps législatif, le gage de la discipline ; dans le monarque, le respect de la liberté ; ainsi la religion est le principe du gouvernement ; on dira qu'elle est étrangement affaiblie parmi nous ; j'en conviens, mais je dis que la honte du parjure reste encore où la piété n'est plus, et qu'après la perte de la religion, un peuple conserve encore le respect pour soi-même, qui le ramène à elle si ses lois parviennent à rétablir ses mœurs.

CHAPITRE XXIII
DE LA FÉDÉRATION

La première fédération de toute la France eut un caractère particulier que n'auront point les assemblées ultérieures. Quoique au premier coup d'œil elle paraisse un ressort admirable pour fortifier l'esprit public, elle était l'effet des menées de quelques hommes qui voulaient répandre leur popularité ; on ne l'ignorait pas, aussi ne l'accorda-t-on qu'avec répugnance ; elle était bonne, mais le moment n'en était pas venu ; on ne pouvait toutefois rejeter alors ce qui portait une apparence de patriotisme. L'Assemblée nationale ne vit point sans inquiétude une députation innombrable l'environner ; elle devait être formée d'esprits remuants ; les préjugés, les mécontentements, les inimitiés et les jalousies particulières des provinces allaient inonder la capitale ; on allait voir de près un corps politique mais plein d'illusion ; peut-être, comme les factions étaient populaires, tout devait-il couler dans le sein de la liberté, mais il pouvait arriver, comme plusieurs l'espéraient, que la présence du monarque ne frappât les cœurs de compassion ; l'intrigue lui fit jouer le rôle d'un grand roi. Couvert des débris ignominieux de sa gloire passée, on montrait tendrement le dauphin au peuple, comme le malheureux reste du sang de tant de rois : ce spectacle attendrissant frappait partout les yeux. On ne vit dans Paris que cinq personnes.

Ceux qui donnèrent l'idée d'une fédération avaient trouvé le dernier moyen de changer la face des choses et de confondre la liberté ; on l'attaqua de ses propres armes ; tout était amour, égalité, et cependant tout intéressait pour les rois. C'est un merveilleux moyen d'attaquer les hommes, que de s'armer contre eux de leurs faiblesses ou de leurs vertus. Ce fut en vain, on aima le roi sans le plaindre. Comme on le trompait facilement, on lui laissait parler un langage affectueux qui lui plaisait, mais dont son ingénuité ne démêlait point l'adresse.

On n'imagine rien de plus tendre que ce qu'il répondit aux députés : " Redites à vos concitoyens que j'aurais voulu leur parler à tous, comme je vous parle ici ; redites-leur que leur roi est leur père, leur frère, leur ami, qu'il ne peut être heureux que de leur bonheur, grand que de leur gloire, puissant que de leur liberté, riche que de leur prospérité, souffrant que de leurs maux ; faites surtout entendre les paroles ou plutôt les sentiments de mon cœur, dans les humbles chaumières et dans les réduits des infortunés ; dites-leur que si je ne puis me transporter avec vous dans leur asile, je veux y être par mon affection et par les lois protectrices du faible, veiller pour eux, vivre pour eux, mourir s'il le faut pour eux. Dites enfin aux différentes provinces de mon royaume que

Louis Antoine de Saint-Just

plus tôt les circonstances me permettront d'accomplir le vœu que j'ai formé de les visiter avec ma famille, plus tôt mon cœur sera content. " Puisque le cœur des Français n'entendait point ce langage, c'en était fait, on voulait inspirer de la pitié, on n'inspira que de l'amour.

Pendant cette périlleuse cérémonie, l'Assemblée nationale n'affecta ni n'affaiblit son assurance ; elle parla sur le commerce et les colonies ; sa conduite fut grave et assurée ; elle ne demanda à la France que le serment civique, et la tint quitte des cris de joie qui s'envolent.

Cette fédération si ingénieusement imaginée pour travestir l'esprit public fut le sceau qui l'éternisa. L'armée partit mécontente de ceux qui l'avaient adulée, et pleine d'estime pour l'Assemblée nationale qu'elle avait vue.

Si le triste honneur de la monarchie peut périr en France, on devra beaucoup l'égalité aux assemblées fédératives ; elles balanceront un peu la force de l'État politique, s'il perdait de sa popularité ; mais plût à Dieu qu'on prévienne des discordes civiles et qu'on puisse longtemps conserver l'amour de la paix parmi le génie des armes.

Réflexion sur l'état civil

Toute prétention des droits de la nature qui offense la liberté est un mal ; tout usage de la liberté qui offense la nature est un vertige.

*
* *

QUATRIÈME PARTIE
DE L'ÉTAT POLITIQUE

CHAPITRE PREMIER
DE L'INDÉPENDANCE ET DE LA LIBERTÉ

Je veux savoir ce que c'est que l'indépendance de l'homme dans l'état de nature, ce que c'est que sa liberté dans la cité. Dans la loi de la nature l'homme n'est dépendant que quand il a commencé à se civiliser sans principes, et dans la cité l'homme n'est esclave que quand il préfère à sa conservation les délices et le bonheur.

Le cœur humain marche de la nature à la violence, de la violence à la morale ; il ne faut pas croire que l'homme ait cherché d'abord à s'opprimer ; l'esprit démêle encore une longue altération entre la simplicité primitive et l'idée de conquête et de conservation.

Ceci posé, on trouve que la liberté est une corruption de l'indépendance, et qu'elle n'est aimable qu'autant qu'elle ramène à la simplicité par la force de la vertu.

Autrement la liberté n'est que l'art de l'orgueil humain, et c'est malheureusement dans ce sens que Rousseau de Genève, tout sublime qu'il est, a toujours parlé.

Examinons si la cité de France a fait un pas vers la nature ; non, elle en a fait un vers le bonheur. Dans l'état de nature, l'homme n'a point de droit, parce qu'il est indépendant.

Ce langage est étrange sans doute, et d'autant plus qu'il semble chasser l'homme dans les forêts ; mais il faut tout saisir dans sa source, pour ne plus errer ensuite, et ce n'est que par la connaissance exacte de la nature qu'on la peut contraindre avec plus d'artifice.

Dans l'état de nature la morale se borne à deux points, la nourriture et le repos. Dans le système social il faut y joindre la conservation, puisque le principe de cette conservation pour la plupart des peuples est la conquête.

Or, pour qu'un État se conserve, il a besoin d'une force commune, c'est cette force qui est le souverain ; pour que cette souveraineté se conserve, elle a besoin de lois qui règlent ses rapports infinis ; pour que ces lois se conservent, il faut que la cité ait des mœurs et de l'activité ; ou la dissolution du souverain est prochaine.

Les lois françaises sont bonnes en ce qu'elles font que la cité

Louis Antoine de Saint-Just

gagne et que le souverain dépense. Les magistratures, les offices civils, religieux, le militaire sont payés par le Trésor public ; ce n'est que dans ce sens que cette foule innombrable de salariés est bonne à quelque chose. Peu importe que le magistrat rende la justice, que le soldat veille ; un peuple sage n'a besoin ni de justice ni de soldat.

Montesquieu dit très bien qu'*une société corrompue doit pourtant se conserver*, mais elle n'en doit pas moins chercher à se rendre meilleure, puisque autrement elle ne se conserverait point, mais ne ferait que reculer le coup mortel. Aussi, quoique la France ait établi des juges et des armées, elle doit faire en sorte que le peuple soit juste et courageux. Toutes ces institutions secondes ne remplacent point la vertu originelle, mais, par les impôts rigoureux qu'elles nécessitent, elles empêchent que le peuple ne soit gâté par l'opulence, et ne se croie indépendant du contrat.

Quand Rousseau dit qu'il regarde les corvées comme moins funestes à la liberté que les taxes, il ne fait pas attention que les unes énervent l'âme et que les autres n'énervent ordinairement que les plaisirs ; l'homme libre préfère la pauvreté à l'humiliation.

CHAPITRE II
DU PEUPLE ET DU PRINCE EN FRANCE

Si le peuple français n'est jaloux du prince, la liberté périra ; si le peuple est envieux du prince, la Constitution elle-même périra.

Montesquieu dit quelque part : " Le peuple romain disputait au sénat toutes les branches de la puissance législative, parce qu'il était jaloux de sa liberté, et il ne lui disputait point les branches de la puissance exécutrice, parce qu'il était jaloux de sa gloire. " M. Bossuet, évêque de Meaux, dit à peu près la même chose dans son admirable *Histoire universelle ; mais* cela n'est pas la vérité même.

En effet, le peuple romain, si éclairé, si habile, si prompt dans l'exécution des affaires publiques ou particulières, n'était-il donc qu'une canaille incapable d'agir pour sa gloire ; cette armée qui jura de vaincre et non de mourir, et sans citer ces exemples dont l'histoire est pleine, la sagesse qu'on lui suppose d'avoir su apprécier la prudence du sénat n'indique-t-elle point qu'il en avait et qu'il raisonnait lui-même ; pourquoi donc cet amour de la souveraineté, cette indifférence pour l'exécution ? C'est que le peuple, loin de se croire inférieur au sénat, connaissait sa véritable dignité ; quand il envia les honneurs et le maniement du trésor de la république, il s'empara de l'exécution, et perdit sa souveraineté que saisirent les tyrans.

La justice nous est rendue au nom du prince ; elle était rendue à Rome au nom du peuple ; mais comme le prince n'est point souverain, c'est une loi de simplification ; il n'en est pas moins vrai que cet attribut du prince met dans ses mains la liberté civile qui ne dépend essentiellement que du souverain ; il faut que les Romains aient eu une grande idée de ce droit de rendre la justice, puisque les procès s'expédiaient dans la place publique, et qu'on ne pouvait décréter l'arrêt de mort d'un citoyen que dans les grands États. *Il fallait une loi*, dit Montesquieu, *pour imposer une peine capitale* : la loi suppose une volonté souveraine ; le droit de mort appartenait donc au souverain, qui n'en abusa jamais, parce qu'il en sentait l'importance et l'atrocité. Parmi nous un tribunal prononce la peine civile ou capitale. Ô ! entrailles de la nature, nous ne vous connaissons plus, nos fonctions publiques ne sont plus que des métiers vifs et superbes ; à Rome c'étaient souvent des commissions spéciales ; on nommait un quêteur pour connaître d'un crime ou de certaines affaires ; l'affaire instruite, il n'était plus rien ; le peuple romain n'était plus l'esclave du gouvernement ; parmi nous, tout officier est un tyran.

On est surpris quand on réfléchit sur l'opinion publique des peuples : les idées les plus saines se renversent ; je ne sais ce que pourrait me répondre le plus indépendant des hommes d'aujourd'hui, à qui je demanderais compte de sa liberté.

Je suis avide de savoir quel droit civil la France recevra un jour, qui soit propre à la nature de sa liberté.

Toute loi politique qui n'est pas fondée sur la nature est mauvaise ; toute loi civile qui n'est point fondée sur la lai politique est mauvaise.

L'Assemblée nationale a fait quelques fautes : la stupidité publique l'a voulu.

CHAPITRE III
DE LA LOI SALIQUE

Marculfe appelait impie la loi qui excluait les femmes de la succession des fiefs. Cela eût été bon si les fiefs eux-mêmes n'eussent été une effroyable impiété. Il paraît que les Francs confondaient la loi salique qu'ils avaient puisée en Germanie, et qu'ils rendaient tyrannique, chez eux, une loi sage chez les Germains et chez les Goths ; l'esprit de la loi salique était perdu. Le même abus de cette loi qui attacha le trône à la ligne mâle, et érigea en fief le diadème, fut aussi l'origine des autres fiefs et de la servitude. Le roi usa du peuple comme de son bien d'hérédité, et le seigneur, de ses vassaux, comme de bêtes attachées à sa glèbe.

L'esprit de la loi salique des Germains était bien l'économie, comme l'a judicieusement observé un grand homme, mais bien plus encore un sauvage amour pour la terre natale qu'ils savaient si bien défendre, et qu'ils ne voulaient point confier à la faiblesse et à l'instabilité des filles qui changent de lit, de famille et de nom. D'ailleurs, elles retrouvaient dans la maison d'un autre ce qu'elles perdaient dans la leur, puisqu'on les prenait sans dot. Il n'est point ici question de la succession collatérale ; chez les Germains, les filles étaient préférées parce qu'elles mettaient un mâle dans la maison salique.

Nous avons vu quel ravage fit dans la France cette loi de liberté travestie, comme elle dénatura tout, fit un peuple d'animaux, couvrit la France de forts et de scélérats, rendit la religion hypocrite et fit de redoutables maisons qui passaient la vie à perdre le sang de leurs vassaux. Nous avons vu, dis-je, comme cette loi opprima le royaume, jusqu'à l'époque où, par un trait de fortune que produit le mal même, elle plaça sur le trône Henri IV qui calma un peu l'orage. La loi salique, depuis ce grand homme, fait pour la liberté, est dégénérée en loi purement civile, et enfin en simple alleu comme autrefois.

La loi qui fixe la couronne de France dans la maison régnante, de mâle en mâle, à l'exclusion des femmes, a rendu la loi salique, par rapport au trône seulement, au sens des Germains ; ce n'est point la terre qui appartient au mâle, c'est le mâle qui appartient librement à la terre. Il est dans l'esprit de cette loi que les branches de la maison des Bourbons actuellement régnantes en Europe n'aient aucun droit sur la couronne, car, comme je l'ai dit, elle n'appartient point aux Bourbons.

QUATRIÈME PARTIE

Il serait pareillement insensé qu'un peuple libre passât dans la main des étrangers ou des femmes ; les uns haïraient la constitution, les autres seraient plus aimées que la liberté.

La loi qui exclut les étrangers est favorable au droit des gens ; l'extinction de la souche régnante allumerait toute l'Europe.

La loi des Germains ressemble fort à celle de Lycurgue qui ordonnait que les filles fussent mariées sans dot, mais elles ne se ressemblent qu'en apparence. La loi de Lycurgue venait de la pauvreté et de certaines mœurs de Lacédémone ; celle des Germains dérivait de la simplicité ; ni l'une ni l'autre de ces lois ne convient à la France : l'une ne fait que des guerriers, l'autre que des soldats, et toutes deux ensemble que des tyrans.

Les barbares, qui n'en avaient que le nom, instituèrent le rappel pour tempérer la loi salique ; après la conquête la constitution changea, la loi salique se corrompit. Les raisons politiques qui liaient le mâle à la glèbe n'existent point dans l'état politique de la France ; il n'en est pas ainsi de la couronne ; la terre, dans l'état civil, est la propriété des sujets, mais un peuple ne peut appartenir à personne qu'à lui-même ; il peut se donner un chef, mais point de maître, et le contrat qui engagerait sa liberté ou sa propriété est rompu par la nature.

Le monarque, en France, appartient à la patrie, cette loi est précieuse pour la liberté ; il peut renoncer à la couronne, elle est une dignité et point un caractère.

CHAPITRE IV
DU CORPS LÉGISLATIF, DANS SES RAPPORTS AVEC L'ÉTAT POLITIQUE

Le corps législatif est pareil à la lumière immobile qui distingue la forme de toutes choses, et à l'air qui les nourrit : en effet, il entretient l'équilibre et l'esprit des pouvoirs, par la sévère ordonnance des lois.

Il est le point vers lequel tout se presse ; il est l'âme de la constitution, comme la monarchie est la mort du gouvernement.

Il est de l'essence de la liberté. Que le corps législatif délibère sur les accidents publics, qu'aucune loi ne puisse être restreinte ou étendue, aucun mouvement ne puisse être donné ou reçu, s'il némane de la législation.

L'usage des comités consultants est merveilleux pour conserver les lois, mais il est peut-être à craindre qu'ils ne deviennent un jour des oracles semblables aux anciens, qui disaient tout ce qu'on voulait leur faire dire.

Le juge ou l'homme public qui corrompt les lois est plus coupable envers la constitution que le parricide ou l'empoisonneur qui les offense ; il doit être chassé et punit sévèrement.

Je parlerai ailleurs de ce qui concerne le droit de faire la paix et la guerre.

CHAPITRE V
DES TRIBUNAUX, DES JUGES, DE L'APPEL
ET DE LA RÉCUSATION

On est surpris en examinant combien l'appel est favorable au despotisme, et combien les récusations le sont à la liberté.

L'appel porte de chute en chute les intérêts des sujets jusque dans les mains des tyrans ; là n'abordent point la raison, l'humanité ; là tout est injustice parce que tout y est faveur.

L'inextricable dédale des diplômes entretient tout l'État en division, et le despotisme est assiégé de flatteurs, qui corrompent la corruption même.

Les tribunaux d'appel sont autant de colosses qui menacent le peuple, et qu'il a besoin d'adorer. Ce n'est plus la loi qu'on invoque, c'est le juge inévitable qui vend, si bon lui semble, ses intérêts ; aussi n'entendez-vous parler, dans la tyrannie, que de protections et de présents, qui rongent tous les principes de la liberté.

L'appel absolu aux tribunaux directs est le décès des lois, c'est la liberté des esclaves, mais ils trouvent partout les hommes à la place des lois ; la récusation, ou l'appel aux tribunaux indirects, est le déni des hommes pour chercher les lois.

Les nouveaux tribunaux de France ont brisé les plus grands ressorts de la tyrannie, en substituant aux justices irascibles des seigneurs des juridictions de paix dont le nom seul soulage l'idée des premiers : leur compétence est bornée à la nature des intérêts du pauvre, qui peut aussi les récuser dans certains cas. Un tribunal de parents nomme des tuteurs à l'innocence ; les secrets et la honte des familles s'étouffent dans leur sein, et la vertu politique de l'État est plus respectée ; au-dessus des juridictions de paix s'élèvent celles des districts, dont le pouvoir est plus étendu, mais frappé de récusions et d'appels relatifs sans nombre, qui laissent aux partis le droit de chercher la justice dans les tribunaux de plusieurs départements, et quelquefois dans tous ceux du royaume à leur choix ; c'est le *committimus* de la liberté.

Les récusations sont encore un remède violent contre l'injustice, et comme les meilleures lois sont encore mauvaises, là où les hommes peuvent être bons, les conciliations qu'il faut subir avant d'être admis à intenter demande sont d'excellentes institutions. Le gain des procès corrompt la vertu d'un peuple libre.

Les conciliations juridiques ont peut-être des rigueurs : le respect humain et l'ignorance, la disproportion des moyens peuvent encore séduire et tromper : vous avez la voie libre des arbitres : il ne reste plus qu'une loi, la vérité.

CHAPITRE VI
ATTRIBUTIONS DIVERSES

Dans une constitution où tout ce qui gouverne est mandataire du peuple, où les graduations émanent et sont mandataires l'une de l'autre, à qui appartient le pouvoir de juger de la régularité avec laquelle s'exerce le droit de souveraineté ?

Voilà où nous conduit sans cesse la corruption du caractère public ; il faut partout que le peuple et la loi veillent armés, pour empêcher l'un d'entreprendre sur l'autre.

Sera-ce l'administration qui jugera du contentieux des assemblées du peuple ? Sera-ce le corps judiciaire ? Si l'on veut m'en croire, ce ne sera ni l'un ni l'autre, à moins que ceux qui exercent ces pouvoirs, tant qu'ils les exerceront, ne renoncent au droit de souveraineté.

Je n'ai pas besoin d'en dire la raison ; je remarquerai seulement que quiconque est employé dans le gouvernement renonce à l'acte de souverain.

Cependant chez un peuple qui a besoin de force corépressive, quel tribunal connaîtra de la mauvaise foi des fripons dans les assemblées ? Si le scrutin a été violé, si la ruse a éludé les suffrages, s'il arrive enfin tout ce que peut la faculté d'abuser même de ce qui est bon, quel tribunal connaîtra de ces délits ? De ces délits ! Je savais bien que j'en viendrais là ; ce seront donc des délits, alors ils doivent être, non point officiellement, mais par un acte de souveraineté, poursuivis contradictoirement par la partie blessée devant les tribunaux qui connaissent des délits.

Si la cause était portée aux administrations, toutes les parties seraient condamnées par contumace, et souvent ceux qui les composent se trouveraient juges en leur propre cas. Parmi nous, les administrations sont trop nombreuses, et par conséquent trop répandues ; on ne les récuse point, on ne se défend point devant elles, et si vous accordez le droit de connaître de ces difficultés, alors elles exercent d'office la souveraineté arbitraire : si vous portez ces difficultés devant les tribunaux, c'est le peuple alors qui se plaint ; la loi le juge selon sa propre convention.

On a dit que ces matières étaient une affaire d'administration, parce que l'administration était arbitre de la propriété ; mais il faut distinguer l'attribution fiscale d'avec l'attribution politique : c'est comme si l'on disait que le compas sera juge moral de l'esprit du géomètre.

On a dit que les parlements, en usurpant le pouvoir politique, avaient mis entre le peuple et le trône une barrière dont eux seuls avaient la clef ; nous en étions bien heureux, sans cela le trône nous eût écrasé. Qu'on se représente la juridiction des parlements entre les mains du fisc, et je laisse à penser quelle eût été notre misère. Le pouvoir judiciaire est le nerf de la liberté, c'est de tous les ressorts politiques celui qui se corrompt et s'use le moins, parce qu'il marche à découvert et marche toujours.

On a dit que si les tribunaux judiciaires jugeaient les assemblées du peuple, leur pouvoir serait exorbitant ; on s'est trompé ; mais leur juridiction serait seulement plus étendue. Quelquefois ce ne sont que les termes qui nous épouvantent ; or, ce n'est point l'extension d'un pouvoir qui le rend tyrannique, ce sont les principes suivant lesquels il agit.

De tous les pouvoirs de la cité, celui-ci est le moins dangereux, non point qu'il soit faible, mais parce qu'il est le plus réglé et le plus passif.

Quel autre sera plutôt le garant de ma souveraineté, que celui que

QUATRIÈME PARTIE

j'ai fait garant de ma fortune et de ma vie !

Encore une fois il ne faut donner aux officiers publics que ce dont le peuple est incapable : toute espèce de pouvoir qu'on ôte au peuple ressemble aux saignées dont on nous affaiblit. Je pose ce principe général et absolu : partout où le peuple est blessé il doit parler et s'expliquer lui-même ; si l'on parle pour lui, ou l'on ne parlera point, ou l'on parlera mal.

Si le peuple parle lui-même, laissez-lui ses tribunaux : si vous prétendez toujours être ses mandataires et le représenter partout, c'est un malheureux fantôme que vous repoussez avec beaucoup d'égards, et vous êtes des tyrans pleins d'adresse, qui le dépouillez et ne lui laissez plus que son ombre.

Je ne veux point que vous m'ôtiez mes armes pour me défendre, je ne veux point ressembler à ces princes faibles, devant lesquels marchait l'aigle romaine, et qui portaient un fuseau.

Une dernière réflexion me fait dire que beaucoup d'erreurs sont venues de ce que les officiers publics se croyaient mandataires du peuple et dépositaires de son pouvoir ; non, ils ne le sont point.

Comme les droits des peuples sont incommunicables, les fonctions du ministère public ne sont point des mandats du souverain, mais des actes de sa convention.

Comme la délégation que ferait le peuple de ses droits n'agirait que contre lui-même, et qu'il n'est point de cas où le peuple doive agir contre lui-même, il faut donc appeler le ministère des lois publiques un mandat du pouvoir exécutif, qui lui-même est un mandat du pacte social.

Une administration se disait *mandataire de chaque individu de son département*. Elle oubliait ou méconnaissait ses principes : avec cela la constitution fut bientôt dégénérée en pure aristocratie.

Non, le peuple français n'est point représenté par ses officiers seulement, sa volonté réside dans le corps législatif.

CHAPITRE VII
DU MINISTÈRE PUBLIC

Dans les contrées où les mortels règnent à la place des lois, le ministère public accuse les hommes ; là où les lois règnent seules, le ministère public accuse seulement les crimes.

Louis Antoine de Saint-Just

La France a institué une censure protectrice des lois et du peuple contre les magistrats, et des magistrats contre eux-mêmes. Elle ne peut accuser mais elle épure les accusations, elle ne peut point juger mais elle vérifie les jugements, et protège le faible et l'innocent contre l'abus des lois.

Le ministère public poursuivit autrefois d'office les délits ; quel que fût l'avantage de cette institution, elle était tyrannique. Les lois épouvantaient les hommes, et le gouvernement se montrait partout leur ennemi terrible.

Dans un gouvernement sévère, les lois sont violées par le magistrat ; dans un gouvernement faible, elles le sont par le peuple. Quand les lois règnent seules avec vigueur, le gouvernement n'est ni faible ni sévère.

CHAPITRE VIII
DE LA SOCIÉTÉ ET DES LOIS

Les lois ne sont point des conventions, la société en est une : les lois sont les rapports possibles de la nature de cette convention : ainsi celui qui commet un crime n'offense point la société, elle n'est qu'une réunion d'individus qui n'ont aucun droit sur la liberté et la vie du coupable, lequel n'est point lié par une simple convention ; mais il offense les lois en altérant le contrat.

Je veux dire que la société, dont la modération et la douceur sont l'âme, ne peut être juge des délits, car alors elle serait une tyrannie et les lois ses bourreaux.

Ainsi là où les crimes sont traduits à la société, les peines doivent être effroyables pour que chaque individu soit vengé et soit effrayé : là où les crimes sont traduits aux lois, la société demeure paisible, et la loi impassible confond ou pardonne.

CHAPITRE IX
DE LA FORCE RÉPRESSIVE CIVILE

Malheur au gouvernement qui se défie des hommes ; j'ai l'âme affligée lorsqu'un satellite passe et me considère : ô ciel, ô nature, s'écrie mon cœur, qui donc a pu m'asservir de la sorte, et pourquoi le soupçon m'accompagne-t-il pas à pas ? Peuple vertueux et

QUATRIÈME PARTIE

digne de la liberté, rompez toute force particulière qui est une indépendance du souverain. Qui vous répondra de votre vie et de votre bien, me dira-t-on ? Que vous importe une force dont vous ne sentirez jamais l'empire et qui n'est que pour les méchants ? Va-t'en, lâche, à Constantinople, va vivre chez un peuple que la nature de ses lois rend scélérat, où le sceptre est un gibet ; moi je ne consens à subir aucune loi qui me suppose ingrat et corrompu.

Quelque vénération que m'impose l'autorité de J.-J. Rousseau, je ne te pardonne pas, ô grand homme, d'avoir justifié le droit de mort ; si le peuple ne peut communiquer le droit de souveraineté, comment communiquera-t-il les droits sur sa vie ? Avant de consentir à la mort il faut que le contrat consente à s'altérer, puisque le crime n'est qu'une suite de cette altération ; or, comment le contrat vient-il à se corrompre ? C'est par l'abus des lois qui laissent les passions s'éveiller, et ouvrent la porte à l'esclavage. Armez-vous contre la corruption des lois ; si vous vous armez contre le crime, vous prenez le fait pour le droit ; je ne répéterai point ce que j'ai dit en parlant des supplices. Je ne sais si ces vérités sont sensibles sous ma plume comme je les éprouve moi-même, mais à mon sens toute force répressive n'étant qu'une digue contre la corruption ne peut être une loi sociale, puisqu'à l'instant où le contrat social est perverti, il est nul, et alors le peuple doit s'assembler et former un nouveau contrat qui le régénère.

Le traité social, dit Rousseau, a pour but la conservation des contractants ; or, on les conserve par la vertu et non par la force ; il me semble voir un malheureux qu'on tue pour le guérir.

Remarquez que lorsqu'un peuple emploie la force civile, on ne punit que les crimes maladroits, et la corde ne sert qu'à raffiner les fripons ; Rousseau, tu t'es trompé ; c'est, dis-tu, pour n'être pas victime d'un assassin que tu consens à mourir si tu le deviens, mais tu ne dois pas consentir à devenir assassin, mais tu violes la nature et l'inviolabilité du contrat, et le doute du crime suppose déjà qu'il te sera possible de t'enhardir à le commettre. Quand le crime se multiplie, il faut d'autres lois ; la contrainte ne fait que le fortifier, et comme tout le monde brave le pacte, la force elle-même est corrompue ; il ne reste plus de juge intègre ; le peuple qui se gouverne par la violence l'a sans doute bien mérité. Je ne vois plus en France que des gens d'armes, que des tribunaux, que

Louis Antoine de Saint-Just

des sentinelles ; où sont donc les hommes libres ?

CHAPITRE X
DE LA NATURE DES CRIMES

Chez les despotes, la police est le frein de l'esclavage, la peine est terrible ; dans les gouvernements humains elle est le frein de la liberté, la peine est douce et sensible.

Tous les crimes sont venus de la tyrannie, qui fut le premier de tous. Les sauvages, chez qui s'est réfugiée la nature, ont peu de châtiments parce qu'ils ont peu d'intérêt.

L'Outaouais qui rompt son arme à la chasse entre dans une cabane, et en demande une autre, qu'on lui donne d'abord ; celui qui a tué deux castors en offre un à celui qui n'en a pas. Les sauvages sont familiers avec la pudeur, par la simplicité de leur naturel ; ils n'ont qu'une vertu politique, c'est la guerre. Leurs plaisirs ne sont point des passions, ils goûtent les simplicités de la nature ; la danse est l'expression de leur joie innocente et la peinture de leurs affections ; si quelquefois ils sont cruels, c'est un pas vers la civilisation.

Qu'on me pardonne ces réflexions sur les sauvages ; heureux pays, vous êtes loin de mes yeux et près de mon cœur !

La police fut simple chez les peuples divers, selon qu'ils furent tout à fait libres ou tout à fait esclaves, selon qu'ils eurent beaucoup de mœurs ou qu'ils n'en eurent point du tout ; mais la différence est que dans le despotisme c'est le jugement qui est simple, parce qu'on y méprise les lois et qu'on veut punir, et que dans la liberté, la peine y est simple parce qu'on y révère les lois et qu'on veut sauver.

Dans l'un, tout est délit, sacrilège, rébellion : l'innocence se perd embarrassée ; dans l'autre tout est salut, pitié, pardon.

Dans l'esclavage, tout blesse l'homme, parce que la convention n'a point de loi ; dans la liberté, tout blesse les lois, parce qu'elles sont à la place des hommes.

Quand j'ai dit que le crime n'offensait que la loi, tant s'en faut que j'aie prétendu enfreindre les justes droits de la patrie blessée, qu'au contraire je ne l'aie considérée comme une chose sacrée : j'ai parlé du crime en lui-même et non de ses effets. La réparation des délits est un principe de la loi, mais elle regarde plutôt le dédommagement que la peine.

Il en est des crimes comme des vertus : les premiers ne doivent être poursuivis, les secondes récompensées qu'à proportion de l'importance. Les crimes d'opinion sont des chimères qui viennent des mœurs et sont la faute des lois ; les effets ne rétrogradent point ; en vain corrigez-vous les mœurs, si vous ne corrigez pas les lois.

L'amende honorable au ciel est une loi de fanatisme ; la réparation d'honneur est une loi de corruption. Dans tous les cas, l'homme qui blasphème n'offense sur la terre que la loi qui le défend ; celui qui flétrit quelqu'un pèche contre la loi qui défend l'imposture ; s'il en était autrement, les hommes seraient impitoyables entre eux.

Les lois tiennent le rang de Dieu, de la nature et de l'homme, mais elles ne doivent rien à l'opinion et doivent tout ployer à la morale et s'y ployer elles-mêmes.

Un tribunal pour les crimes de lèse-nation est un vertige de la liberté, qui ne se peut supporter qu'un moment, quand l'enthousiasme et la licence d'une révolution sont éteints ; une pareille magistrature est un poison d'autant plus terrible qu'il est doux ; en un mot, on n'offense la société qu'alors qu'on corrompt les bonnes lois. On voit bien que j'ai voulu parler du Châtelet, qui tint un moment la place de l'opinion ; au commencement il fit trembler les pervers et, bientôt après, les gens de bien.

Je ne dis rien de la loi martiale qui fut un remède violent ; il en est de cette loi comme du tribunal que j'ai cité, mais que si elle subsiste, elle doit être comme le temple de Janus, fermé au temps de paix, ouvert dans les périls.

CHAPITRE XI
DES SUPPLICES ET DE L'INFAMIE

Quand la vertu est tellement l'âme d'une constitution qu'elle forme le caractère national, que tout est patrie et religion, on ne connaît pas le mal et on ne soupçonne même pas plus le bien, qu'une vierge ingénue son innocence ; à mesure que les lois se rouillent, on récompense le bien, on punit le mal ; le prix et la peine augmentent avec la corruption et bientôt arrivent la roue et les triomphes ; la vertu a le goût malade, le vice est insensible.

La procédure criminelle des Anglais est sage, humaine, savante ; leurs lois pénales sont cruelles, injustes, féroces. Se peut-il que le premier pas qui avait conduit ce peuple à la vérité ne l'ait point conduit à la modération ? On y sauve à la vérité l'innocent, mais on y assassine le coupable.

On admire depuis longtemps cette philosophie de l'esprit public anglais, qui n'attache aucune honte aux supplices. Je ne sache point qu'au Japon, à Carthage et chez les sires féodaux, l'opinion ait été salie de rien de si atroce ; ce n'est donc que du sang qu'il vous faut ! et pourquoi des tourments s'ils ne sont point exemplaires ? C'est le crime égorgé ; il est expié, direz-vous, mais c'est en vain. Quand un État est assez malheureux pour avoir besoin de violence, il a besoin d'infamie ; il semble qu'elle en soit l'honneur. Si vous ôtez l'infamie, les tourments ne sont plus que des cruautés juridiques, et stériles pour l'opinion. Le supplice est un crime politique, et le jugement qui entraîne peine de mort un parricide des lois : qu'est-ce, je le demande, qu'un gouvernement qui se joue de la corde, et qui a perdu la pudeur de l'échafaud ? Et l'on admire de semblables férocités ! Combien est barbare la politesse européenne ! La roue n'est point une chose honteuse, respectez-vous donc le crime ? Le coupable meurt, et meurt inutilement dans la rage et les sueurs d'une poignante agonie ; quelle indignité ! Ainsi l'on méprise la vertu comme le vice, on dit aux hommes : Soyez traîtres, parjures, scélérats si vous voulez, vous n'avez point à redouter l'infamie, mais craignez le glaive et dites à vos enfants de le craindre. Il faut tout dire, les lois qui règnent par les bourreaux périssent par le sang et l'infamie, car il faut bien enfin qu'elles retombent sur quelqu'un.

La liberté anglaise est violente comme le despotisme, il semble qu'elle soit la vertu du vice, et qu'elle combatte contre l'esclavage en désespérée ; le combat sera long, mais elle se tuera elle-même.

La preuve que ces supplices sont indignes des hommes, c'est qu'il est impossible de concevoir les bourreaux ; aussi fallait-il ne les point déshonorer, pour que la barre ne déshonorât point.

Est-il possible qu'on conçoive l'inconséquence humaine ; croirait-on que l'homme se soit mis en société pour être heureux et raisonnable ? Non, l'on croirait plutôt que, las du repos et de la sagesse de la nature, il voulait être misérable et insensé. Je ne vois que des Constitutions pétries d'or, d'orgueil et de sang, et je ne vois nulle part la douce humanité, l'équitable modération, qui devaient être la base du traité social ; comme tout est lié à sa morale bonne ou mauvaise, l'oubli de la vérité entraîne de fausses maximes, celle-ci entraîne tout. Mais en vain quand on est sorti de la sagesse veut-on y entrer, les remèdes seront plus terribles que le mal ; la probité sera l'épouvante, les lois périront sur l'échafaud.

La loi française déclare que les fautes sont personnelles ; il ne faut donc point de supplices, car ils ne vont point sans infamie, et l'infamie se partage.

L'effigie qui représente le supplice serait peut-être le chef-d'œuvre des lois dans un État corrompu, mais malheur au gouvernement qui ne peut se passer de l'idée des tortures et de l'infamie ; à quoi sert l'effigie où il n'y a point de honte, pourquoi des peines où elle est ?

CHAPITRE XII
DE LA PROCÉDURE CRIMINELLE

Bienheureuse la contrée du monde où les lois protectrices de l'innocence instruiraient contre le crime avant de présumer son auteur jusqu'à ce que ce crime l'accusât lui-même, où l'on instruirait ensuite, non plus pour le trouver coupable, mais pour le trouver faible, où l'accusé récuserait non seulement plusieurs juges mais plusieurs témoins, où il informerait lui-même contre eux après la sentence, et contre la loi et contre la peine ; et bienheureuse mille fois la contrée où la peine serait le pardon ; le crime y rougirait bientôt, au lieu qu'il ne peut pâlir.

La France a demandé à grands cris à l'Assemblée nationale la réforme de sa procédure criminelle ; elle a commencé par le décret qui accorde à l'accusé un conseil, une instruction publique et quelques récusations ; c'était assez pour lors, et surtout après la tyrannie ; le mal doit disparaître avec mesure, et il est bon de changer les mœurs avant les peines.

L'arbre du crime est dur, la racine en est tendre ; rendez les hommes meilleurs qu'ils ne sont, et ne les étranglez pas.

Louis Antoine de Saint-Just

CHAPITRE XIII
DES DÉTENTIONS

Ce fut un traité de sagesse après la prise de la Bastille que le décret redoutable porté contre les détentions ; on blâmait quelquefois l'Assemblée nationale de s'appesantir sur les détails ; ils jetaient les fondements de la Constitution et servaient l'esprit public plein de faiblesse. Arrêter l'injustice, c'était inspirer la vertu.

CHAPITRE XIV
DE LA LIBERTÉ DE LA PRESSE

Elle est devenue celle de l'esprit humain et l'un des ressorts de la liberté civile en dévoilant l'oppression ; cette découverte manquait à la franchise de l'antiquité ; elle était à peu près remplacée, à la vérité, par les harangues populaires, mais il arrivait des occasions où les harangueurs devenaient muets ; par exemple quand les tyrans se rendaient absolus. Le calme et l'esprit de nos monarchies ne demandent point qu'on discoure dans les places publiques ; cela n'irait guère que dans de pressants périls, comme aux jours de la prise de la Bastille ; on ne s'aperçut jamais plus qu'à cette époque combien l'esprit, et bien plus encore le cœur humain, brûlaient pour la liberté. Mais ces orateurs qui préparaient alors la Constitution auraient bouleversé le gouvernement paisible. Les harangues dévoraient les factions ; les figures, les mouvements étaient hardis ; les images des hommes sauveurs de la patrie et des lois étaient étreintes ; ramenée contre l'ennemi commun, l'éloquence exerçait une partie de la souveraineté ; mais ce ne fut que dans les plus beaux jours, de si courte durée, que la liberté des auteurs nourrit la vertu ; quand la crainte, la corruption et le dégoût des grandes causes les firent taire, les lois se turent bientôt ; c'est pourquoi nous voyons la décadence des républiques suivre la décadence des belles-lettres.

L'impression ne se tait point, elle est une voix impassible, éternelle, qui démasque l'ambitieux, le dépouille de son artifice et le livre aux méditations de tous les hommes ; c'est un œil ardent qui voit tous les crimes et les peint sans retour ; elle est une arme à la vérité comme à l'imposture. Il en est de l'imprimerie comme du duel, les lois qu'on porterait contre elle seraient mauvaises, elles prendraient le mal loin de sa source.

Camille des Moulins, quelles que soient l'ardeur et la passion de son style, ne put être redouté que par des gens qui méritaient qu'on informât contre eux ; l'orateur, d'ailleurs estimable, qui le dénonça, justifia le cri des tribunes, il était ami ou dupe de ceux qu'épouvantait le censure.

On ne peut s'empêcher d'admirer l'intrépidité de Loustalot, qui n'est plus, et dont la plume vigoureuse fit la guerre à l'ambition ; c'est lui qui disait à peu près qu'il s'ennuyait de la célébrité d'un inconnu.

Marat eût été un Scythe à Persépolis ; sa pénétration fut ingénieuse à chercher de la profondeur aux moindres démarches des hommes ; il eut une âme pleine de sens mais trop inquiète.

Villain d'Aubigny, de la section des Tuileries, fut moins connu parce qu'il n'écrivait point, mais il discourait avec vigueur.

Carra eut trop d'esprit pour la liberté ; il n'eut point assez de sang-froid contre le flegme des fripons.

Mercier déploya le courage qu'avait persécuté le despotisme, mais la légèreté d'une gazette convenait peu à la fierté de son caractère.

Danton fut plus admirable par sa fermeté que par ses discours pleins de force.

Je ne parle point des Lameth, des Mirabeau, des Robespierre, dont l'énergie, la sagesse et l'exemple donnèrent beaucoup de force aux nouvelles maximes.

Ces écrivains et ces orateurs établirent une censure qui fut le despotisme de la raison et presque toujours de la vérité : les murs parlaient, les intrigues devenaient bientôt publiques, les vertus étaient interrogées, les cœurs fondus au creuset.

CHAPITRE XV
DU MONARQUE ET DU MINISTÈRE

es uns croyaient qu'être libres c'était ne plus avoir d'intendants, de commis, de corvées, de chasses exclusives ; là se bornait l'égoïsme des esclaves ; d'autres, qui ne consultaient que leur vertu et leur folie, crurent qu'il ne fallait ni rois, ni ministres ; c'était le délire des gens de bien ; mais qu'on se figure ce que fût devenue la liberté

Louis Antoine de Saint-Just

si l'aristocratie eut mis à la place des ministres du pouvoir exécutif les comités de la puissance législative, si au lieu d'être des bureaux passifs déjà redoutables c'eût été des magistratures.

La sagesse ne pouvait mettre une trop forte barrière entre la législature et l'exécution ; elle se signala surtout par cette loi, qui ne permet point aux membres du corps législatif de prétendre au ministère qu'après deux ans d'interruption, ni d'exercer aucune magistrature, aucun office pendant leur session. Il faut que des hommes aient été bien pénétrés de la nécessité de leurs principes pour avoir, contre eux-mêmes, porté cette profonde discipline. Avouons-le ingénument, ceux qui les censurent n'ont point en l'esprit de les développer ; comment les surpasseraient-ils ?

Otez le ministère de l'État, vous en ôtez les rois, la monarchie n'est plus ; ce n'est point que cette institution politique n'ait eu de grands abus, mais elle n'a plus conservé qu'un pouvoir relatif. Le législateur usa peu à peu ses lois arbitraires. On établit la responsabilité qu'on ne pressa point dans les premiers temps, parce qu'on prévit qu'elle rendrait le peuple licencieux. La Constitution se raidit souvent contre le peuple, ou il l'aurait violée. Il est admirable de voir comment l'Assemblée nationale ferma l'oreille aux cris de la multitude qui demandait tantôt les comptes, tantôt le renvoi des ministres.

CHAPITRE XVI
DES ADMINISTRATIONS

Les corps administratifs durent beaucoup leur prospérité aux heureux choix du peuple, car ils n'avaient pas par eux-mêmes de lois très positives ; ils exerçaient une inquisition suprême sur l'harmonie politique qui faisait qu'on leur déférait beaucoup de matières contentieuses qui excédaient leur compétence ; ils décidaient arbitrairement parce qu'ils n'avaient point de lois. L'appel de leurs délibérations se portait au pouvoir exécutif qui prononçait de même ; les délibérations s'instruisaient l'une par l'autre, parce qu'il n'y avait point d'enquêtes, et le ministère, suspendu entre le juge et la partie, donnait toujours raison à l'autorité, dont rien ne garantissait l'application. Il n'y avait point de compétence directe entre les peuples et les pouvoirs supérieurs, d'où il suivait que ses plaintes n'allaient jamais à l'oreille qu'elles voulaient frapper. Quand une administration était accusée par des faits de détail, on lui renvoyait la requête, et on la jugeait sur son avis. Les plus déplorables infractions à l'austérité des principes se trouvaient sanctifiées, et les pouvoirs physiquement séparés, mais confondus en effet, se liguaient sans le vouloir contre la liberté.

Je dirai en général que tous les chemins doivent être ouverts à la liberté de ceux qui obéissent, et qu'ils ne doivent point être fermés à la sagesse de ceux qui commandent. Toutes les armes possibles sont dans les mains du pouvoir exécutif, pour accabler le peuple ; celui-ci n'a point de lois, ou, pour mieux dire, de tribuns pour le défendre.

Les lois qui obstruent les canaux par où coule la liberté, et tiennent ouverts ceux par où circule la puissance, liguent les pouvoirs et forment une aristocratie exécutrice ; en vain veut-on les séparer entre eux, on ne fait que les séparer du peuple. Ce n'est point dans le gouvernement que cette précision est bonne, c'est dans la Constitution même ; tout doit agir et réagir à son gré sur un fondement inaltérable : ainsi, dans le monde physique, tout suit une loi positive, un ordre indissoluble, tout change et se reproduit par sa cause stable, et non par des accidents particuliers.

Si l'administration circule inclusivement entre les pouvoirs, qui répondra de la liberté ? Le malheureux ira-t-il crier aux portes du palais des législatures, elles-mêmes n'ont point de lois de détails, et jugeront comme les autres. En matière d'application, les législateurs sont toujours incompétents, c'est l'esprit de la loi ; nul ne peut être frappé que d'une loi antérieure au délit ; ceux qui font des lois sont de mauvais juges. Une bonne loi vaut mieux que tous les hommes ; la passion les emporte, ou la faiblesse les retient ; tout languit, ou tout se brise à coups précipités.

CHAPITRE XVII
DES IMPÔTS ; QU'ILS DOIVENT ÊTRE RELATIFS AUX PRINCIPES DE LA CONSTITUTION

Le commerce seul peut aujourd'hui faire fleurir un État libre, mais le luxe l'empoisonnera bientôt ; il est donc nécessaire que les impôts pèsent sur la consommation et point sur le négoce ;

alors il sera le doux fruit de la liberté au lieu qu'il était un puits au despotisme.

La liberté du commerce découle naturellement de la liberté civile ; un sage gouvernement laisse à l'homme son industrie et pressure le luxe. L'industrie est, comme je l'ai dit, la source de l'égalité politique, elle fournit au pauvre la vie, le luxe, et la contribution.

Cette manière de poser l'impôt sur les superfluités est une loi somptuaire qui s'accorde avec la morale des nouvelles maximes de la France. Elle n'a point la sévérité des lois somptuaires républicaines, ni la faiblesse des lois somptuaires de la monarchie, elle est une modification de toutes deux.

Le peuple tient tellement à la lettre des choses, qu'il payera volontiers un impôt pour ses chevaux, ses valets, ses vitres, ses équipages, au lieu qu'il payerait à regret un tribut réel.

On est avare de ce qu'on gagne, on est prodigue de ce qu'on achète, c'est que l'intérêt fait la recette et la vanité la dépense.

Les impôts doivent suivre les révolutions des denrées, augmenter et diminuer avec elles ; la raison est que si les denrées sont chères, on achète avec plus de peine, mais on achète toujours ; que si les denrées sont pour rien on consomme davantage, et on s'épuise si les denrées redeviennent hors de prix.

Si l'on voulait rendre l'impôt invariable, il faudrait ruiner les colonies ou la métropole, ou régler les vents.

L'impôt, si on veut le considérer de près, est le gouvernail du vaisseau public ; en même temps qu'il féconde le gouvernement il influe sur les mœurs de l'état civil, et entretient l'équilibre dans l'état politique des deux mondes.

CHAPITRE XVIII
RÉFLEXION SUR LA CONTRIBUTION PATRIOTIQUE ET SUR DEUX HOMMES CÉLÈBRES

Nul n'a mieux connu la fortune et le peuple que l'impénétrable Mirabeau. Il vint à Aix comme cet ancien qui se présenta nu, la massue à la main, dans le conseil d'un roi de Macédoine ; arrivé à l'Assemblée nationale, M. de Mirabeau signala son intrépidité et justifia les plaintes qu'il avait poussées sous la tyrannie. Cet habile homme nuisit beaucoup à M. Necker, en arrachant à l'Assemblée nationale le décret qui adopta la contribution patriotique de ce ministre ; M. Necker s'enflait trop de sa popularité ; on admira tout le bien qu'il voulait faire, on ne lui pardonna pas celui qu'il fit, il le fit mal. Ce ministre est tombé, personne n'a voulu paraître savoir pourquoi, c'est que personne n'osait dire qu'il détestait son impôt.

M. de Mirabeau s'est partout conduit avec justice et pénétration ; il connut surtout l'art délicat de jouer les calomnies et de dissimuler sagement.

CHAPITRE XIX
DES TRIBUTS ET DE L'AGRICULTURE

Le tribut sur les terres, s'il n'est point invariable et léger, et s'il cesse d'avoir pour objet la représentation déterminée par le territoire et l'activité réglée par la contribution, est une absurdité morale. Si vous chargez d'impôts l'agriculture, mère des mœurs, vous découragez le cultivateur ou le rendez avare. Ce n'est point le propriétaire qui en porte le faix, c'est le bras du laboureur et son journalier. Les baux se crient à l'enchère, et la misère se les dispute encore, comme la faim s'arrache des ossements. C'est une infamie de dire que les terres déchargées d'impôts et soumises au simple tribut seront moins bien cultivées, et que la paresse refusera à la glèbe le suc qu'en eût tiré l'impôt. Ce n'est jamais le courage qui manque au paysan, ce sont des bras ; laissez-lui ses enfants dont vous faisiez de mauvais soldats ; laissez-lui les bons habitants des campagnes masqués en valets ; qu'il puisse s'enrichir par lui-même et non par des traitants ; sa vertu engraissera bientôt ses sillons, et vous ne verrez plus de pauvres ; l'agriculture, devenue une source d'abondance, sera honorée comme elle mérite de l'être ; le riche propriétaire ne paraîtra plus bizarre, en labourant ses champs et en mêlant sa sueur à la sueur de ses pères ; le propriétaire malaisé, qui traîne dans les villes ion orgueilleuse misère, bêchera autour de sa chaumière, il y trouvera un asile contre les impôts, contre la nécessité du célibat, celle de se ruiner, et de mettre tout à fonds perdu.

Louis Antoine de Saint-Just

CHAPITRE XX
DES RENTES VIAGÈRES

Les rentes viagères sont un abus de la tyrannie, s'il est possible qu'on en abuse ; c'est là qu'il est permis de tout mettre en usage pour assouvir un luxe qui est l'honneur, et se garantir d'une pauvreté qui est l'opprobre ; là où tout est violent, là où l'on n'a point de patrie on n'y a point d'entrailles ni de prospérité, on y perd tout sentiment de la nature, parce qu'elle y est un crime ou un être de raison, et qu'on y gouverne comme dans un monde où le désordre serait le principe et l'harmonie.

Ô liberté, liberté sacrée ! Tu serais peu de chose parmi les hommes, si tu ne les rendais qu'heureux, mais tu les rappelles à leur origine et les rends à la vertu.

CHAPITRE XXI
DE L'ALIÉNATION DES DOMAINES PUBLICS

Si ce n'avait point été la philosophie qui eût inspiré aux communes de France le hardi dessein d'une constitution, c'eût été la nécessité. La monarchie était perdue de dettes ; il fallait faire banqueroute ou tout changer. Quand nos pères altéraient la monarchie en comblant l'Église de biens, ils ne savaient pas préparer la liberté.

Law avait élevé sa banque sur la violence du despotisme, et les impertinences du Mississippi ; il arriva que le peuple trompé se consola par l'usure, et tous les intérêts privés étant compromis arrêtèrent la ruine universelle.

Depuis cette époque le despotisme devint plus odieux que dans l'Orient ; les impôts y sont ordinairement modérés, et le peuple, tout vil qu'il est, vit paisible dans les fers ; le trône de France devint un comptoir dangereux ; plus il absorba de capitaux, plus les exactions devinrent effroyables, parce qu'il fallait conserver le crédit en acquittant les intérêts ; le commerce restait encore, qui soutenait la défaillance du peuple ; le commerce fut englouti ; la soif du despotisme consumait tout ; c'était pour lui qu'on allait aux délicieuses Antilles ; l'exportation ravissait à l'artisan la douce aisance ; la France était un pays de rameurs, de nobles et de mercenaires.

C'est alors que le négoce dépérissant et devenant chaque jour plus sordide, le gouvernement étant épuisé par ses violences, la ressource dernière fut une caisse d'escompte qui mit l'industrie entre deux abîmes. Le monarque fut trafiquant, banquier, usurier, législateur ; la même main qui pressait les veines du peuple traçait les paternels édits : on lui avait arraché son opulence, sa médiocrité, sa misère même, si j'ose ainsi parler ; enfin par un monopole cruel, chef-d'œuvre de l'esprit du Genevois, on lui ravit son pain ; la faim et la mauvaise nourriture remplirent Paris et les provinces d'épidémies et de crimes ; tout change alors, le peuple indigné se soulève et conquiert sa liberté. Lorsqu'on pense à quel pitoyable état il était réduit, et quel était le débordement de la cour, on est forcé d'avouer que la révolte du peuple opposée à la révolte des grands sauva l'empire. L'Assemblée nationale, par des lois sages, qu'on exécuta avec prudence, modéra un peu l'extravagance du fisc ; elle se hâta de faire une Constitution libre qui réunit dans les mains de la patrie imprescriptible les vols du fanatisme et de la superstition ; elle prévit que la vente des domaines publics serait malaisée par les frayeurs des capitalistes et la rareté du numéraire ; elle rassura les uns par la force des lois et remplaça l'autre par une spéculation habile ; la nation encore épouvantée répugna d'abord, la morale entraîna tout.

CHAPITRE XXII
DES ASSIGNATS

M. Clavière a très sagement pensé sur cette monnaie ; il n'est point de mon sujet de traiter de cette matière dans tous ses rapports civils, parce qu'ils sont une émanation des principes de la constitution.

Établissez chez un peuple la vertu publique, faites en sorte que cette nation se fie à ses lois parce qu'elle sera sûre de sa liberté, mettez partout une morale à la place des préjugés habituels, et faites ensuite des monnaies de cuir ou de papier, elles seront plus solides que l'or.

M. Necker fut ingrat envers la France, quand, par des résultats sophistiques, il sapa la magnifique spéculation des domaines nationaux ; tous les coups frappaient sur la morale, et cet

Louis Antoine de Saint-Just

extravagant voulait que la vertu française fût le métal.

Il parlait dans le temps de liberté comme sous les rois, et c'est une preuve dont je ne reviendrai jamais que cet homme n'avait ni génie ni vertu.

On peut dire à la justification de Law qu'il ne fut qu'imprudent ; il ne s'avisa point de réfléchir qu'il supposait de la morale à un peuple de fripons qui n'avaient pas de lois ; si la dépravation du gouvernement n'eut confondu le système de Law, ce système eût amené la liberté.

CHAPITRE XXIII
DES PRINCIPES DES TRIBUTS ET DES IMPÔTS

Les tributs, comme je l'ai dit, ne doivent servir que de base à la représentation et à l'activité, c'est-à-dire qu'ils sont une loi fondamentale de la constitution ; les impôts sont une loi fondamentale du gouvernement, non parce qu'ils subviennent aux dépenses de l'État politique, mais parce qu'ils peuvent influer beaucoup sur les mœurs.

Le Trésor public, fidèle et reconnaissant envers ceux qui le remplissent, doit entretenir les ports, les chemins, les fleuves, rendre au commerçant le vaisseau que les tempêtes ont foudroyé, récompenser le vrai mérite, les bons et utiles talents, les vertus, et tendre la main à l'infortune intéressante.

Alors vous ne connaissez plus la pauvreté, fille de l'esclavage, et la prostitution, fille de l'orgueil et de la misère.

CHAPITRE XXIV
DE LA CAPITALE

L'Assemblée nationale rangea le peuple de Paris sous le joug de ses maximes, avec beaucoup de sagesse et de patience ; on ne supprima point trop tôt les noms chéris de districts promoteurs de la liberté ; on leur mit sous les yeux l'exemple des provinces, on fit des lois de toutes les vertus que la Révolution avait rallumées, on en conserva l'esprit, on en détruisit les vaines illusions ; on écrivait que tout était perdu quand on substitua au mot district la nouvelle dénomination de section. Il en eût été de même de dire qu'on ne porterait plus d'autres armes que les piques de la Bastille. Pour que les lois ne dégénèrent point, il faut qu'elles parlent aux hommes de la patrie, et non d'eux.

Dans vingt ans, les mœurs de la capitale auront beaucoup changé ; je ne sais point comment se pourra soutenir le luxe quand elle ne sera plus le centre de la monarchie, quand les hommes ne seront plus obligés de devenir fats et flatteurs, quand toutes les ressources seront dans le commerce et dans l'agriculture, et quand la France n'aura plus qu'avec elle-même tous les rapports qu'elle n'avait ci-devant qu'avec la capitale.

CHAPITRE XXV
DES LOIS DU COMMERCE

L'une des meilleures institutions de la France, c'est que les juges du commerce soient élus parmi les négociants ; cette loi met de la vertu dans un ordre qui ne connaît ordinairement que l'intérêt.

Celle qui laisse le commerce des Indes libre à tous les Français n'est pas moins admirable, elle encourage le commerce d'économie, si favorable aujourd'hui aux mœurs de la liberté ; elle ouvre une carrière à ceux que la vertu de l'État régénéré eût laissés oisifs.

La France a plus gagné en adoptant cette loi de Genève qui condamne les enfants à payer les dettes de leur père ou à vivre déshonorés, que si elle eut soumis cette république ; il vaut mieux conquérir des lois que des provinces.

Les jurandes peuvent être avantageuses pour le commerce, mais non pour des corps de métier ; elles forcent le négociant à se fixer, elles le rendent citoyen, au lieu qu'il ne serait qu'un avare vagabond ; elles font connaître la solidité de son crédit. Pour ce qui est de l'artisan, ses mœurs importent moins à la fortune publique, et s'il veut acquérir la confiance, il faut qu'il fixe son domicile.

CHAPITRE XXVI
CONSIDÉRATIONS GÉNÉRALES

L'Europe a une foule d'institutions très propres à favoriser la liberté, inconnues au monde ancien, parce qu'elles sont une source d'impôts indirects et de soulagements pour les tributs.

Louis Antoine de Saint-Just

Les postes et les douanes pèsent peu sur le pauvre ; mais ce serait un malheur qu'elles fussent exclusives ; elles peuvent être une branche de l'industrie publique.

Les postes aux lettres tiennent aux principes de la constitution même ; la liberté doit assurer le secret des affaires, ce qui n'arriverait pas toujours si les postes étaient l'objet de services particuliers.

L'enregistrement des actes est encore une ressource pour le Trésor qui n'épuise point la patrie ; je ne parle point de son autorité dans les contrats civils.

Le timbre est une escroquerie manifeste, il n'a ni but, ni morale, et n'a que le crédit d'un voleur armé.

Les aides tiennent aussi le frein des mœurs publiques ; elles auraient été très favorables à la politique de Mahomet, car il ne craignait que la licence, fatale à l'esclavage comme à la liberté ; toutefois le droit d'aide invariable serait un grand abus, dans les années où la récolte est abondante, l'impôt devenu trop modique n'arrête point la dissolution qu'amène le vin à vil prix ; dans les années de disette, l'impôt, quoiqu'il soit le même, devenu excessif, obsède les besoins.

Cette loi est bonne pour un tyran qui cherche peu que ses esclaves aient des mœurs, pourvu qu'il amasse, et dans un État où il est dangereux d'altérer l'impôt ; elle est mauvaise chez un peuple où la liberté ne doit souffrir ni superflu, ni privations, mais la juste abondance dans cette utile denrée.

*
* *

QUATRIÈME PARTIE

CINQUIÈME PARTIE
DROIT DES GENS

CHAPITRE PREMIER
DE L'AMOUR DE LA PATRIE

Où il n'est point de lois, il n'est point de patrie, c'est pourquoi les peuples qui vivent sous le despotisme n'en ont point, si ce n'est qu'ils méprisent ou haïssent les autres nations.

Où il est des lois, il n'est quelquefois point de patrie, si ce n'est la fortune publique ; mais il en est une véritable qui est l'orgueil de la liberté et de la vertu ; c'est de son sein qu'on voit sortir ces hommes chez qui l'amour des lois semble être le feu du ciel, dont le sang coule avec joie dans les combats, et qui se dévouent de sang-froid aux périls et à la mort.

L'honneur, politique de la monarchie et l'honneur violent de l'État despotique ressemblent quelquefois à la vertu, mais ne vous y trompez pas, l'esclave cherche la fortune ou la mort ; l'histoire ottomane est pleine de faits inouïs qui surpassent la vigueur romaine et la témérité grecque, mais ce n'est point pour sa chère patrie, c'est pour lui-même que meurt le musulman.

Le droit des gens français, en perdant l'esprit de conquête, a beaucoup épuré l'amour de la patrie. Un peuple qui aime les conquêtes n'aime que sa gloire et finit par mépriser ses lois. Il est beau de ne prendre les armes que pour défendre sa liberté ; celui qui attaque celle de ses voisins fait peu de cas de la sienne.

Ce ne sera plus la terre étrangère qui boira le sang des Français ; l'Allemagne, l'Italie, la cruelle Sicile, l'Espagne, l'Europe enfin, jusqu'à l'Orient, sont jonchés des os de nos pères, et la patrie est le cercueil des moines et des tyrans.

Pour qu'un peuple aime longtemps sa patrie, il faut qu'il ne soit point ambitieux ; pour qu'il conserve sa liberté, il est nécessaire que le droit des gens ne soit pas à la disposition du prince. Dans la tyrannie, un seul homme est la liberté, un seul homme est la patrie, c'est le monarque.

Combien était aveugle la liberté de Rome ! Aussi devait-elle finir par être la fortune d'un seul. Un mot de Sénèque me fait plaindre Caton quand je songe à lui ; à peine fut-il préteur et il ne devint

Louis Antoine de Saint-Just

jamais consul avec tant de vertus. Il n'y avait plus à Rome de patrie, tout était César. Quand je pense où devaient aboutir la discipline et la frugalité de tant de héros, quand je pense que ce fut le sort des plus rebelles constitutions, et que la liberté perdit toujours ses principes pour conquérir, que Rome mourût après Caton, que l'excès de sa puissance produisit des monstres plus détestables et plus superbes que les Tarquins, la douleur déchire mon cœur et arrête ma plume.

CHAPITRE II
DE LA PAIX ET DE LA GUERRE

La France en renonçant à toutes hostilités offensives influera beaucoup sur les fédérations européennes ; comme cette loi fondamentale est la plus saine de sa liberté, elle a dû la mettre à l'abri de la corruption. Par la raison que la puissance législatrice ne peut être chargée de l'exécution, parce qu'elle énerverait les lois dans leur source, le monarque non plus ne peut pas délibérer parce qu'il ploierait les principes à son ambition ; il est donc raisonnable que la paix et la guerre soient délibérées dans les communes, et que le monarque exécute.

Il n'est pas moins prudent que les délibérations de la puissance législatrice soient soumises à l'acceptation royale ; elles se repoussent l'une et l'autre, et concourent à la ruine des projets particuliers.

Il serait absurde que l'avis du peuple fût consulté dans les délibérations, et par rapport à la lenteur de sa marche, et par rapport à son imprudence. Si le consentement ou le refus du peuple était manifesté par les directoires, la fortune de l'État serait la proie des brigues et l'aristocratie perdrait sa vigueur. Là où les pieds pensent, le bras délibère, la tête marche.

CHAPITRE III
DES AMBASSADEURS

Les ambassades permanentes sont un vice de la constitution européenne ; elles sont une infraction à la liberté des peuples ; une armée toujours prête aux conspirations met dans un état de défiance qui altère la vertu du droit des gens.

Il est vrai que la politesse a beaucoup fardé ces usages ; mais imaginez des contrées où l'amitié est la crainte, la bonne foi l'œil d'un ambassadeur, et la paix un état de guerre.

Imaginez des peuples qui se tiennent l'épée sur le cœur et s'embrassent, qui s'envient leur prospérité et se déclarent la guerre quand ils deviennent riches et puissants ; car le commerce en Europe ne sert qu'à amasser de quoi faire la guerre, et la guerre qu'à s'appauvrir.

Un peuple qui méprise la guerre, à moins qu'on ne l'attaque dans son territoire, n'a plus besoin d'ambassadeurs, et sa fortune deviendra prodigieuse s'il est bien gouverné.

CHAPITRE IV
DU PACTE DE FAMILLE, DES ALLIANCES

M. de Vergennes, qui croyait aimer la France parce qu'il était l'ami des Bourbons, ligua cette famille, non point contre la liberté, mais contre l'industrie de quelques peuples européens. L'Europe est habitée par les rois et non par les hommes ; les peuples y sont, comme le fer, un objet de mécanisme. Le dessein de la confédération des Bourbons n'était point l'amitié ni la piété du sang, mais une jalousie secrète ; ainsi la politique de l'Europe était la misère, l'orgueil et l'or. Les peuples se trouvaient assez heureux de la fortune de leurs maîtres et gémissaient glorieusement sous le joug de leur cruelle ambition.

Ainsi l'or et le sang des peuples allaient couler jusqu'à ce que les projets d'une famille fussent brisés ou assouvis ; c'était au milieu de ces indignités spécieuses, qui passaient sous le nom de la gloire des sujets, que les nations, qui n'avaient plus de droit des gens, perdaient encore leur droit politique par l'inhumaine nécessité des édits ; l'Europe devenait un peuple de fous par l'extravagance des lois et des rapports, et son urbanité était plus méprisable mille fois que son antique barbarie. Le génie des nations était l'avarice atroce ; la guerre était un jeu ; on ne se battait ni pour la liberté, ni pour la conquête, mais pour se tuer et se voler. Le droit des gens n'existait plus qu'entre les rois, qui se servaient des hommes comme des chevaux de course ; aussi se jouaient-ils des biens et de la vie des sujets, avec d'autant plus d'assurance qu'ils savaient les enivrer de la coupe sacrée de l'intérêt.

Si l'on examine, d'un côté, l'avidité des Européens pour les richesses, et leur indifférence sur la liberté ; d'un autre côté, si l'on réfléchit à la fureur des souverains pour la dépense et la guerre, on ne peut se dissimuler que quand le luxe aura comblé leur satiété, il faudra que les États tombent. Les États qui vivent de luxe périssent un jour par la misère ; en vain ils cherchent à s'appuyer les uns sur les autres ; ils se prémunissent contre la force de leurs voisins, sans s'embarrasser de leur vice intérieur. Ce fut à l'origine du pacte des Bourbons, qui liguèrent leur faiblesse contre la vigueur anglaise qui les épuisait ; la France s'est renversée la première, les autres auront bientôt leur tour ; mais ce qui prouve le plus combien leur faiblesse est extrême, c'est d'avoir continué avec la nation libre et guerrière un pacte dont le principe est la servitude et le vice des lois. Il est vrai qu'ils périraient peut-être plutôt que d'appeler la France à leur secours.

Rien n'est plus redoutable pour la liberté que l'alliance d'une monarchie avec plusieurs républiques ; la patience, la résolution tranquille et l'absolu pouvoir d'un seul consument l'effervescence et l'inquiétude des dernières, qui se tournent à la fin les unes contre les autres, comme la Grèce unie à Philippe de Macédoine. Rien n'est plus formidable pour la tyrannie que l'alliance de plusieurs États despotiques avec un État libre ; il faut que la vertu du dernier déracine le vice des premiers, ce qui arriva lorsque la république de Rome se rendit l'alliée de plusieurs rois d'Asie.

Quand la face des choses eut changé par la révolution de France, le pacte de famille était si peu celui des nations que l'Assemblée nationale, malgré la nature de son droit des gens, fut contrainte de ménager ce pacte qui menaçait la liberté.

CHAPITRE V
DE L'ARMÉE DE TERRE

Quand M. de Mirabeau, quelques jours après le triste combat de Nancy, s'écria qu'il fallait décomposer et reconstruire l'armée, les uns ne reconnurent plus la sagesse et la présence d'esprit de ce grand homme, les autres vraiment ingrats crurent apercevoir un trait de génie qui blessait la constitution.

Il est certain que la dissolution de la force publique eût achevé de rompre la discipline ; car il ne faut pas confondre l'insubordination avec l'amour de la liberté ; les régiments demandaient leurs comptes aux états-majors ; je me représentai les Numides en Afrique, et non pas les mutineries républicaines des soldats de Rome.

Le corps militaire de France a, dans sa constitution douce, quelque chose de violent qui n'a ni principe ni objet. On ne rendra jamais citoyenne une troupe réglée indépendante des lois civiles. Qu'on se rappelle les Mamelouks en Égypte, les Janissaires en Turquie, les gardes prétoriennes à Rome, c'étaient de véritables étrangers dont le fer était la loi, le camp, la patrie. Il semble que l'armée de ligne soit devenue passive au milieu des gardes nationales ; c'est là précisément le motif de la jalousie, ou d'une rivalité secrète.

La France a déclaré qu'elle renonçait à l'esprit de conquête ; elle fera bien d'aimer la paix ou de licencier ses troupes aux approches d'une guerre offensive.

CHAPITRE VI
DE L'ARMÉE NAVALE, DES COLONIES ET DU COMMERCE

L'armée navale n'a pas les inconvénients de l'armée de terre ; le commerce est son objet ; telle est la politique européenne, qu'un État ne peut plus prospérer aujourd'hui qu'à proportion que sa marine sera formidable. Les colonies sont devenues le nerf des métropoles, jusqu'à ce qu'elles les aient corrompues, qu'elles aient secoué leur injuste domination ; alors, l'esprit du commerce qui comprime aujourd'hui toute l'activité de l'Europe étant perdu, l'esprit de conquête prendra sa place ; l'Europe deviendra barbare, ses gouvernements tyranniques, et les autres continents refleuriront peut-être.

Le commerce a suivi toutes les révolutions dans le monde. L'Afrique après la ruine de Carthage perdit sa liberté, ses mœurs, avec son négoce ; l'Asie perdit sa splendeur quand Rome et les ports d'Italie devinrent sa métropole. Ces parties du monde ont langui depuis, parce qu'elles ont négligé leurs comptoirs et leurs vaisseaux.

Il y eut même une époque où le commerce fut mort presque par toute la terre, ce fut depuis la décadence de l'Empire jusqu'à la découverte du Nouveau Monde. Il n'y avait plus de métropole ; ce fut la cause du despotisme qui couvrit la terre entière.

L'Europe, par la nature de son climat, doit conserver plus longtemps sa constitution et son négoce ; je dis sa constitution, car l'Europe n'est qu'un peuple ; le même commerce a produit les mêmes périls, les mêmes intérêts ; si jamais elle vient à perdre ses colonies, elle sera la plus malheureuse des contrées, parce qu'elle aura conservé son avarice. S'il se trouve alors en Europe un peuple libre et dont la morale ne soit point le commerce, il aura bientôt subjugué tous les autres.

La fortune générale est donc liée aux rapports des différents peuples avec les colonies, et aux rapports de ces différentes puissances entre elles ; la marine embrasse tous ces rapports, elle rend l'Europe redoutable au Nouveau Monde et redoutable à elle-même.

Plus le génie de la constitution est contraire au luxe, plus il est dangereux de commercer ; mais si les denrées superflues sont chargées d'impôts, le luxe vient au secours de l'agriculture, le commerce n'est plus relatif qu'au droit des gens et devient économique.

L'État aura cet avantage qu'il enrichira ses colonies, sa marine, son commerce, son Trésor, et n'appauvrira que les vices avec mesure.

CHAPITRE VII
DES TRAITES

Quand elles étaient à la porte de toutes les villes du royaume, le peuple français était, par rapport au fisc, ce que les nations étrangères sont par rapport à lui, depuis que les traites ont été reculées aux frontières.

Il viendra peut-être un temps où l'on ne verra point du tout de traites, et où les peuples comme les individus concevront aussi qu'ils sont frères.

Alors les nations ne seront plus rivales, il n'y aura plus qu'un droit commun dans l'univers ; de même qu'il n'y a plus parmi nous que des Français, il n'y aura plus dans le monde que des humains. Les noms des nations seront confondus, la terre sera libre.

Mais alors aussi les hommes seront devenus si simples et si sages qu'ils nous regarderont, tout philosophes que nous sommes, de l'œil dont aujourd'hui nous voyons les peuples de l'Orient, ou les *Vandales* et les *Huns* ; car dans le monde, quelque confus qu'il paraisse, on remarque toujours un dessein de perfection, et il me paraît inévitable, qu'après une longue suite de révolutions, le genre humain, à force de lumières, ne revienne à la sagesse et à la simplicité.

CHAPITRE VIII
DES FORÊTS

Les forêts, fruits de l'économie des siècles derniers, étaient, au commencement de celui-ci, une des ressources de l'industrie française ; elles enrichirent les manufactures et la marine ; elles réparèrent un peu les pertes qu'avaient faites les grandes maisons du temps de Law ; elles fournirent aux excessives dépenses des grands et des nobles sous Louis XV, mais le produit n'en était pas inépuisable. Les bois sont aujourd'hui ravagés pour la plupart ; ils étaient hors de prix dans les derniers temps, et surtout dans la capitale. Paris irritait, par l'appât de son séjour, l'opulence et les ressources des riches, et ceux-ci retrouvaient au poids de l'or les denrées que leur nécessiteuse avarice mettait à une dure enchère dans les provinces.

Si le luxe ne diminue point en France, ou si les riches y demeurent oisifs, les forêts, sur lesquelles le luxe influe autant que sur les mœurs politiques, continueront à être ravagées, et bientôt la marine et le commerce seront ruinés : on ne peut assez admirer par quelle voie secrète les révolutions marchent à pas tranquilles et soudain éclatent.

Le plus léger abus dans l'ordre politique porte un contrecoup épouvantable, éternel ; c'est la répercussion de l'air dans l'atmosphère.

CHAPITRE IX

Louis Antoine de Saint-Just

DES MONUMENTS PUBLICS

La piété publique doit aux grands hommes qui ne sont plus, quelle que soit leur patrie, des monuments qui les éternisent, et entretiennent dans le monde la passion des grandes choses. L'Europe moderne, assez policée pour estimer les bons génies, mais peu religieuse envers leur mémoire, persécute les hommes généreux quand ils vivent, et les laisse morts. Cela vient des constitutions européennes, qui n'ont ni maximes ni vertu. Partout où je porte les yeux, *je vois les statues des rois qui tiennent encore le sceptre d'airain.* Je ne connais en Europe que trois monuments, dignes de la majesté humaine, ceux de Pierre Ier, de Frédéric et de Henri ; où sont les statues des d'Assas, des Montaigne, des Pope, des Rousseau, des Montesquieu, des Du Guesclin et de tant d'autres ? Dans leurs livres et dans le cœur de cinq ou six hommes par génération.

J'ai toujours été surpris, en voyant les nations enchaînées aux pieds de Louis XIV, que l'Europe entière n'ait pas pris les armes pour exterminer la France, comme jadis se ligua la vertueuse antiquité pour chercher Hélène ravie.

L'Assemblée nationale a abattu ce lâche monument ; toutefois elle se garantit d'enthousiasme et laissa l'impérieux monarque exposé aux plaisanteries d'un peuple libre. On ne peut trop respecter les rois, mais on ne peut trop humilier les tyrans.

Je suis surpris que, dans le feu de la sédition, le peuple de Paris n'ait point jeté à bas ces insolents bronzes. C'est ici que se démêle l'esprit public de ce temps-là ; on ne haïssait point les rois.

J'ai vu le grand Henri ceint d'une écharpe aux trois couleurs ; les bons fédérés de province se décoiffaient devant lui ; on ne regardait pas les autres, mais on ne les insultait pas non plus.

La France vient enfin de décerner une statue à J.-J. Rousseau. Ah ! pourquoi ce grand homme est-il mort ?

CHAPITRE X
CONCLUSIONS

J'ai fourni ma course et je me recueille avec moi-même pour moraliser les différents objets qui me sont passés sous la vue ; j'ai appelé l'Assemblée nationale un corps politique, cela convenait au sens dans lequel je parlais alors ; mais il est bon que j'achève de développer mes idées.

L'Assemblée nationale, uniquement législatrice, n'eut ni puissance législative, ni caractère représentatif, elle fut l'esprit du souverain, c'est-à-dire du peuple. Après qu'il eut secoué le joug, elle abdiqua les pouvoirs qu'elle avait reçus de la tyrannie, elle abdiqua même tous pouvoirs devenus injustes depuis que la nation s'était rendue libre. Il me semble voir Lycurgue, dont j'ai parlé ci-dessus, quitter l'empire et l'autorité pour porter des lois. Elle convertit le titre d'états généraux en celui d'Assemblée nationale : le premier signifiait un message, le second une mission ; elle ne l'exerça point comme Lycurgue, Mahomet et Jésus-Christ, au nom du ciel ; le ciel n'était plus dans le cœur des hommes, ils avaient besoin d'un autre appât plus conforme à l'intérêt humain. Comme la vertu est encore un prestige chez les mortels fiers et corrompus, que ce qui est bon y paraît beau, tout le monde s'enivra des droits de l'homme, et la philosophie et l'orgueil ne trouvèrent pas moins de prosélytes que les dieux immortels.

Cependant, sous la dénomination simple d'Assemblée nationale, le législateur, ne parlant aux hommes que d'eux-mêmes, les frappa d'un saint vertige et les rendit heureux. Toutefois, il n'usa jamais d'autorité directe sans être coupable envers le souverain. Il ne faut du tonnerre qu'aux faux dieux, et quand la sagesse et le génie ne peuvent point suffire à ceux qui entreprennent une législation, son règne sera court ou funeste. J'ai dit la prudence, la dextérité et la patience de l'Assemblée nationale, je ne me répéterai point ; elle modifia tout et on vit ne s'écarter de cette discipline que ceux qui la troublaient dans son sein par ignorance, folie ou séduction.

Oserai-je mettre sur le papier une réflexion que tout le monde a faite, c'est que la France vit bientôt des maîtres dans la personne de ses législateurs et perdit ainsi sa dignité. Si l'Assemblée nationale n'a point de projets éloignés, elle seule est vertueuse ou sage, elle n'a point voulu d'esclaves et a brisé les fers d'un peuple qui ne paraît fait que pour en changer. On n'omit rien pour lui prouver qu'on lui était assujetti ; on les qualifiait d'augustes représentants ; les officiers tyrannisant le peuple souverain, sous le nom de frères, pliaient devant les législateurs qu'ils ne devaient que respecter et

Louis Antoine de Saint-Just

qu'aimer. Lâches que vous étiez, vous les croyiez des rois, parce que votre faiblesse ne connaissait que l'espérance ou la crainte.

L'Assemblée nationale ne fut point une législature ; cette institution ne commencera qu'après elle, c'est pourquoi sa mission n'est limitée que par la fin de son ouvrage. Aussi juste que profonde, elle obéit à ses propres décrets ; elle porta cette loi, qui ravit mon cœur et celui des hommes libres, que les prêtres qui se trouvaient dans l'assemblée enverraient aux municipalités de leur ressort l'acte de leur serment civique.

On me demandera si je pense sérieusement que la Constitution de France, telle qu'elle est, soit la volonté de tous ; je réponds catégoriquement que non ; parce qu'il est impossible que quand un peuple passe un contrat nouveau, alors que le premier est perdu et souillé, les fripons et les malheureux ne forment deux partis ; mais ce serait un étrange abus de la lettre, que de prendre la résistance de quelques scélérats pour une part de la volonté. Règle générale, toute volonté, même souveraine, inclinée vers la perversité, est nulle ; Rousseau n'a point tout dit quand il caractérise la volonté incommunicable, imprescriptible, éternelle. Il faut encore qu'elle soit juste et raisonnable. Il n'est pas moins criminel que le souverain soit tyrannisé par lui-même que par autrui, car alors, les lois coulant d'une source impure, le peuple serait esclave ou licencieux, et chaque individu serait une portion de la tyrannie et de la servitude. La liberté d'un peuple mauvais est une perfidie générale, qui, n'attaquant plus le droit de tous ou la souveraineté morte, attaque la nature qu'elle représente. Je reviens à moi, et je suis convaincu que l'institution reçue avec joie et sous la foi du serment par le peuple est inviolable, tant que l'administration sera juste.

J'ai dit que l'Assemblée nationale avait mis bas ses pouvoirs ; ses décrets, purement fictifs, n'avaient force de loi qu'après la sanction. Quand le législateur décerna des statues, il fit bien de les ériger au nom du peuple, et non point en son nom. La reconnaissance, comme la volonté d'une nation, ne peut sortir que de sa bouche et de son cœur ; usurper les droits de sa liberté c'est tyrannie, usurper ceux de sa vertu c'est sacrilège, et le crime est plus grand encore. Si l'assemblée eut levé une statue en son nom à J.-J. Rousseau, elle aurait paru un monument adroit, qui consacrait l'usurpation sous

CINQUIÈME PARTIE

l'appât de la piété publique, et le mensonge aurait pu renverser le simulacre et en décerner un autre.

C'est par cette précision à poser les bornes de sa mission que l'assemblée fut conduite au dessein de poser celle des pouvoirs. Un corps social a manqué ses proportions quand les pouvoirs ne sont pas également distraits l'un de l'autre, que le peuple trop éloigné de sa souveraineté est trop près du gouvernement ou trop soumis, en sorte qu'il ressente plutôt l'obéissance que la vertu ou la fidélité, que la puissance législative est trop voisine de la souveraineté et trop distante du peuple, en sorte que celui-ci soit inclusivement représenté, et que le prince enfin est trop resserré entre la législation et le peuple, en sorte qu'il est comme froissé de l'une, et opprime le second qu'il ne sert qu'à repousser.

Les législateurs de France ont imaginé le plus sage équilibre ; il ne faut pas confondre les administrations avec le prince, car alors l'on ne m'entendrait plus d'après ce que j'ai dit plus haut.

Partout où je tourne les yeux, je découvre des merveilles. Je m'étais réservé de dire encore un mot sur le droit de la guerre, tel que le législateur l'a déterminé. La France renonce aux conquêtes. Elle verra bientôt accroître sa population et sa puissance. La guerre, dit le tyran, affaiblit un peuple trop vigoureux.

Une guerre offensive ne peut être entreprise que le peuple entier, fût-il aussi nombreux que les sables, ne l'ait consenti par tête ; car ici, outre la maturité d'une pareille entreprise, la liberté naturelle de l'homme serait violée dans la propriété de lui-même ; au contraire, dans la guerre défensive, il ne faut ni voter ni délibérer, mais vaincre ; celui qui refuserait son bras à la partie aurait commis un crime atroce, il aurait violé la sécurité du contrat. Chez un peuple immense, il faut renoncer à la guerre, ou il faut une métropole tyrannique telle que Rome et Carthage ; quand Rousseau vante la liberté de Rome, il ne se souvient plus que l'univers est aux chaînes.

J'ai parlé du culte et du sacerdoce, je voulais parler plus tard de la religion des prêtres. On a fait un crime épouvantable aux législateurs de l'aliénation des biens de l'Église, on les accuse d'avoir méprisé l'anathème du dernier concile ; on ne peut nier que ce règlement n'ait été sage dans le temps, car il était propre à lier le trône et l'autel, inébranlables quand ils sont unis, et que l'ambition particulière sapait alors. Le siècle du concile de Trente fut celui des dissensions civiles ; les grands se disputaient l'empire, c'étaient des tyrans qu'il était bon de réprimer. L'Église était chaste encore ; aujourd'hui l'on a rendu la pudeur à une effrontée, et ce que n'auraient pu faire autrefois sans crime les particuliers du royaume qui voulaient s'élever, un peuple l'a pu faire pour être libre. Il n'est rien d'imprescriptible devant la volonté des nations, et les contrats particuliers changent avec le Contrat social ; s'il est abrogé par le souverain, celui qui représente à tout un peuple les lois qui ne sont plus, comme si la raison pouvait se prescrire, mérite l'exil, celui qui s'arme contre la volonté suprême du souverain, c'est-à-dire de tous, mérite la mort.

Telle est la réformation française. J'ai moins voulu prouver que la France était libre que je n'ai voulu démontrer qu'elle pouvait l'être, car tous les jours le corps le plus robuste perd sa vigueur par un vice imprévu. Le gouvernement est à la Constitution ce que le sang est au corps humain ; tous deux entretiennent le mouvement et la vie. C'est là que la nature et la raison trouvent l'inévitable résultat de leurs principes. Où le sang est affaibli, le corps a le feu de l'altération ou le froid de la mort ; où le corps politique est mal gouverné, tout se remplit de licence ou tombe dans l'esclavage.

La liberté des Français peut longtemps être soutenue par la tranquillité et le repos, mais si elle était agitée tout à coup par le crédit d'un homme puissant, tout tournerait à son gré ; ce serait le retour d'Alcibiade.

L'égalité dépend beaucoup des impôts ; s'ils forcent le riche indolent à quitter sa table oiseuse et à courir les mers, à former des ateliers, il perdra beaucoup de ses manières. La vie active durcit les mœurs, qui ne sont altières que quand elles sont molles. Les hommes qui travaillent se respectent.

La justice sera simple, quand les lois civiles, dégagées des subtilités féodales, bénéficiaires et coutumières, ne rappelleront plus que la bonne foi parmi les hommes ; quand l'esprit public tourné vers la raison laissera les tribunaux déserts.

Quand tous les hommes seront libres, ils seront égaux ; quand ils seront égaux, ils seront justes. Ce qui est honnête se suit de soi-même.

fin

CINQUIÈME PARTIE

ISBN : 978-1539378310